불교와 기독교

긍정적 접근

엠 오 시 월슈 지음 | 유은실 옮김

KB218726

고요한소리

Buddhism and Christianity:
A Positive Approach

M. O' C. Walshe

Buddhist Publication Society
Kandy, Sri Lanka
The Wheel Publication No. 275/276

일러두기

· 이 책에 나오는 경經의 출전은 영국 빠알리성전협회PTS에서
  간행한 로마자 본 빠알리 경임.
· 로마자 빠알리어와 영문 책 제목은 이탤릭체로 표기함.
· 각주는 원주이며, 역주는 [역주]로 표기함.

차 례

저자의 변

  이 글은 필자가 앞서 발표한 《불교와 성性》[1]이나《죽음
은 두려운 것인가》[2]에서와 마찬가지로 한 사람의 불자로
서 평소 품고 있던 문제의식이나 의문점에 대해 정직한 답
을 구하고자 하는 개인적 시도라 할 수 있다. 이러한 의문
점에 대해 나 스스로 답을 찾다 보니 같은 문제로 애를 쓰
고 있는 다른 사람들에게도 어느 정도 도움이 될 수 있겠
다는 생각이 든다. 이렇게 대충 훑어보는 식으로나마 이
글을 통해서 해 보려는 일이 얼마나 광범위한지 결코 모르
지 않고, 또한 이런 일이 주제넘다는 것도 잘 알고 있다.
그러나 처음 시도해 본다는 점에서는 적어도 조금은 쓸모
가 있을 것 같다. 이 글의 제목에 '긍정적 접근'이라는 부제
를 달았는데, 그 이유는 논쟁을 지양하고 사랑과 존중, 그

---

1 〔역주〕《불교와 성性*Buddhism and Sex*》, BPS Wheel No.225,
  1986.
2 〔역주〕《불교와 죽음*Buddhism and Death*》, BPS Wheel
  No.261, 1978. 엠 오 시 월슈 지음, 법륜·열하나,《죽음은 두려운
  것인가》,〈고요한소리〉, 참조.

리고 충분한 이해를 바탕으로, 우호적인 충고를 기꺼이 주고 받겠다는 마음 자세로 접근할 필요가 있다고 확신하기 때문이다.

기독교에 접근하는 내 나름의 방식과 나의 변변찮은 자격에 대해 양해를 구하기 위해서는 다음 이야기를 해 두는 것이 좋겠다. 나의 집안은 전체적으로 보아 아일랜드계이지만 나 자신은 로마가톨릭이나 다른 기독교 배경에서 성장하지 않았다. 사실 나는 가톨릭 신자가 아닌 아일랜드 사람들처럼 영국에서 자라면서 일종의 반가톨릭적 편견을 가지게 되었고 그것을 극복하는 데 오랜 시간이 걸렸다. 학창 시절에는 영국 성공회의 예배에 참석하면서 다분히 상투적인 기초 교리 교육을 받았는데, 나는 오히려 이를 감사히 생각한다. 그 후로 계속 공부하면서 애매한 여러 주제들 중 중세 스콜라학파의 곁가지 분야들에 이끌렸는데, 그런 공부는 사물이 겉보기와는 다를 수도 있다는 사실을 깨닫는 데 도움이 되었다.

유대교에 관해서 논의하기에는 내 자격이 더더욱 부족하지만, 오래된 신앙인 유대교를 어느 정도 아는 것이 기독교의 기원을 이해하는 데 필수적이기 때문에 최선을 다했다. 이 글을 쓰면서 크게 도움이 된 책은 유대인 신학자인 휴 J. 숀 필드가 번역한 《정전 신약*Authentic New Testament*》(런던, 1955)인데, 이 정전 신약은 《흠정 성서欽定聖書 *Authorized Version*》(1611)와 《성서*New English Bible*》두 책을 두루 참조한 것 같다. 신약 성서의 글을 인용할 때에는 이 세 권의 책을 토대로 하고 간혹 희랍어판을 참조하면서 내 임의로 해석하였다.

현대 기독교인들은 기독교의 일부 전통적인 시각에 대해서 필자보다 더 비판적이기도 하다. 그러나 나는 어떤 경우에도 기독교적 관점을 비판하려는 의도가 조금도 없다. 끝으로 기독교나 유대교 독자들이 이 글의 어느 한 부분도 그들을 향한 공격이나 시비로 받아들이지 않기를 진심으로 바란다.

엠 오 시 월슈
나의 기독교·유대교 신자 친구들에게

1. 문제 제기

대부분의 서양 불교도는, 기독교인 행세를 한 적이 한 번도 없었던 사람일지라도 어느 정도는 기독교적 배경을 가지고 있다. 동양의 불자들 역시 많은 경우, 기독교 교리와 관점을 어느 정도 알아둘 필요를 느끼고 있을지 모른다. 전형적인 서양 불교도들은 대체로 받아들일 수 있는 종교가 필요하다는 생각을 하고는 있지만 어떤 이유에서건 기독교가 제공하고 있거나 제공하는 것처럼 보이는 것에 불만을 느낀다. 그런 사람들은 기독교에 대해서 아쉬워하면서 거부하거나 무관심하거나 적대감을 드러내는 등 다양한 태도를 보인다. 그런데 이런 태도가 어떤 확실하고 지적인 근거를 토대로 한 것이 아닌 경우도 종종 있는 것 같다.

불자가 기독교나 다른 종교를 향해서 적대감을 품는 것은 결코 올바른 태도가 아니다. 자신의 마음속에 그런 감정이 있다는 것을 아는 사람이라면 그런 감정의 뿌리를 찾으려 노력하고, 그렇게 함으로써 그 감정을 다스릴 수 있어야 한다. 이제부터 이 문제와 관련하여 몇 가지 제안을 하려고 한다. 기독교에 대해 잘 모른다는 점은 충분히 이해할 수 있는데, 이는 특히 '기독교'라는 단어가 내포하는 의미가 매우 다양하고 그 의미들이 더러는 서로 상충하기 때문이다. 그렇지만 어떤 종교에 접근할 때 그 종교를 공정하게 판단하려면, 또 일단 판단해야 한다면 그 종교가 보여주는 최악의 모습이 아니라 가장 좋은 면을 보아야 할 것이다. 불자들 사이에는 '불관용의 태도'가 더러 있긴 하지만 상당히 드물다. 이에 비해 다른 종교에 대한 불관용의 태도는 안타깝게도 많은 기독교인의 고질적인 병이자 실로 공공연한 것이었다. 그런데 최근 몇 년 사이에 많은 변화가 일어났다. 오늘날 기독교인과 불자는 양쪽 모두가 존중하는 마음과 형제애로 서로 만날 수 있고, 또 실제로 그런 자세로 자주 만나고 있다. 이러한 자세는 실천을 권장할 만한 덕목이다. 그러는 가운데 악감정 없이 서로가 다르다는 사실을 인정하게 됨으로써 상대방으로부터 가치 있는 무언가를 배우고 있을 것이다.

지금까지 인류가 알고 있는 가장 훌륭한 스승 두 분은 고따마 붓다와 나사렛 예수인 그리스도라는 사실을 대부분의 사람들이 동의할 것이다. 현재 전해진 바로는 두 분의 가르침은 어떤 면에서 매우 다르지만 공통된 부분도 상당히 많다. 이제부터 단어에 얽매이거나 '견해의 늪'에서 허우적대지 않도록 노력하면서 가능한 한 상이한 부분과 공통되는 면들을 두루 살펴보도록 하겠다. 예컨대 불교는 유신론을 주장하지 않기 때문에 종교가 아니라고들 하고, 그래서 종교의 사전적 정의와 일치하지 않는다. 그러나 이 것은 사전을 만드는 사람들이 우리처럼 잘 모르고 실수를 할 수 있으며, 자신들의 문화 안에서의 사고방식에 얽매여 있음을 보여주는 것에 불과하다. 종교란 '초월자 내지 초월 상태'를 추구하는 것이며, 초월의 개념은 명백하게 정의 내릴 수 있는 게 아니다. 불자는 바로 그런 이유 때문에 종교에는 인격적 특성을 가진 '신神'이 있을 수 없다고 생각한다. 기독교인은 이에 동의하지 않고 오히려 인간은 신이 어떤 존재인지 이해할 수 없다고 주장한다. 아타나시우스 신경信經을 보면 그런 주장을 이해하는 데 도움이 되는 표현이 있는데, 삼위일체란 '세 가지 불가사의가 아니라 하나의 불가사의'라고 하고 있다.

기독교나 불교 모두 '구원의 종교'라고 할 수 있다. 비록 그런 표현이 불교적이기보다는 기독교적으로 들리기는 하지만. 기독교나 불교 모두 추구하는 최고의 목표가 있는데, 이를 기독교 용어로는 '이해를 넘어서는 신의 평화'라고 부르기도 한다. 불자는 이 말에서 '신'을 빼려고 하겠지만 나머지 표현은 '열반Nirvāna'[3]을 묘사하거나 적시하기에 좋은 문구인 것 같다. 종교다운 종교라면 어떤 종교이든 그 근본적인 토대는 《감흥어Udāna》에 나오는 저 유명한 열반에 대한 말씀에서 찾을 수 있을 것이다.

비구들이여, 태어난 것이 아니고, 존재하게 된 것이 아니고, 만들어진 것이 아니고, 형성되어진 것이 아닌 게 있다. 만일 이처럼 태어난 것이 아니고, 존재하게 된 것이 아니고, 만들어진 것이 아니고, 형성되어진 것이 아닌 게 없다면, 여기에 태어난 이들, 존재하게 된 이들, 만들어진 이들, 형성된 이들에게 '벗어남〔出離 nissarana〕'이 알려질 수 없을 것이다. 그러나 비구들이여, 실로 이처럼 불생불멸 존재하지 않게 됨, 만들어지지 않음, 형성되지 않음의

3 〔역주〕 빠알리어Pāli로 열반은 닙바아나nibbāna임.

경지가 있기에, 태어나고, 존재하게 되고, 만들어지고, 형
성된 이들에게 '벗어남'을 설명할 수 있다.

《감흥어 *Udāna*》 (VIII. 3)[4]

　대부분의 사람들에게는 부처님의 이 말씀을 믿느냐 못
믿느냐는 것이 문제이다. 그러나 어떤 사람들에게는 열반
은 경험을 통해 알게 된 사실이다. 아마도 기독교인들은
감흥어에 불자들이 받아들이지 않을 무언가를 덧붙이려고
하겠지만, 그 말씀이 어느 정도 완벽하게 받아들일 만하다
고 볼 것이다. 그런데 기독교인이나 불자 모두 이 신비하
고 실로 이해할 수 없는 불교 용어인 '불생불멸〔Unborn〕'이
해방이라는 경지를 보증한다는 점에는 동의할 것이다. 이
해방이 어떻게 실현될 수 있느냐는 것은 생각해 보아야 할

---

4 〔역주〕 *Atthi bhikkhave ajātaṃ abhūtaṃ akataṃ
asaṃkhataṃ, no ce taṃ bhikkhave abhavissa ajātaṃ
abhūtaṃ akataṃ asaṅkhataṃ, na yidha jātassa bhūtassa
katassa saṅkhatassa nissaraṇaṃ paññāyetha. Yasmā ca
kho bhikkhave atthi ajātaṃ abhūtaṃ akataṃ
asaṅkhataṃ, tasmā jātassa bhūtassa katassa saṅkhatassa
nissaraṇaṃ paññāyatī 'ti.* 《감흥어 *Udāna*》, VIII 3, 80~81쪽.

또 다른 문제로, 이와 관련해서는 기독교인들 사이에서도 이견이 있다. 그렇지만 불교와 기독교의 차이점을 잘 살펴보면 아주 깊은 차원에서는 이처럼 근본적으로 의견이 일치한다는 사실을 결코 잊어서는 안 된다. 그러나 그 차원이 실로 너무 깊어서 이처럼 의견이 일치하는 면을 쉽게 간과하거나 부정할 수 있기는 하다. 불교와 기독교가 서로 일치하는 내용을 '도식화'하면 다음과 같다.

불생불멸

불교의 열반	기독교의 신神
(비인격적)	(인격적)

어느 쪽이 옳은지 따지려 들지만 않는다면 '열반'과 '신神'이라는 두 용어는 모두 '불생불멸'을 일컫는다고 할 수 있는데, 이 말은 보통 사람들에겐 이해하기 쉽지 않아서 각기 다른 용어로 설명하고 있는 것일 뿐이다. 열반은 신 자체가 아니라 '신의 평화'에 해당하기 때문에 '열반'과 '신'이라는 두 용어는 엄격하게 보면 대등한 위치에 놓일 수 없다고 반대할 수도 있다. 하지만 적어도 기독교 신비주의의 몇몇 분파를 고찰해 보면 이것이 어쩌면 '쓸데없는 구별'일 수 있음을 알 수 있을 것이다.

또한 유일신을 믿는 사람들이 신을 언급할 때에는 여러 다른 개념이 있을 수 있다는 점을 알고 있어야 한다. 그래서 유대인과 기독교인이 신을 이야기할 때, 어떤 의미에서는 동일한 신이지만 다르게 생각하는 것이다. 유일신에 대한 유대인들의 관념에는 기독교의 삼위일체 같은 개념은 배제되어 있다. 또한 특히 근대 종교학자들 사이에서 신의 본성에 대한 기독교의 개념이 너무나도 다양하지만 그 모든 개념들이 궁극적으로는 동일한 근거에 기초하고 있다는 사실도 알 수 있다. 일반적인 사고방식으로는 이렇게 다른 여러 생각들이 모두 옳을 수는 없다는 것이 분명하다. 물론 모든 것이 다 틀릴 수도 있고 어쩔 수 없이 부적절할 수도 있겠다. 그렇지만 쿠사누스 대추기경5이 천명했듯이 신이란 그 안에서 모든 다른 점들이 조화를 이루는 '대립물對立物의 일치'6이다. 불교의 한 유파인 화엄종이 이

---

5 〔역주〕쿠사누스 대추기경Cardinal Nicolaus Cusanus (1401~1464): 독일의 철학자, 신학자, 수학자, 추기경. 주 저서는《보편적 화합에 대해서》,《지知 있는 무지》,《추측에 대해서》,《종교학대사전》(1998) 참조.

6 〔역주〕대립물의 일치: 예를 들면 원의 직경을 무한히 연장시키면 직선이 되어 원과 직선이라는 대립물이 일치하는 것처럼, 무한자로서의 신에게서는 모든 모순이 통일된다고 하였다.

와 아주 비슷한 것을 가르치는 것 같은데, 물론 유신론적 입장과는 아무런 관련이 없다. 우리가 이런 견해를 이해하든 이해하지 못하든, 이 이야기를 전개함에 있어서 그런 견해도 있다는 것 정도는 염두에 두는 것이 좋을 것 같다.

2. 기독교란 무엇인가?

기독교의 다양한 면을 모두 고려해서 기독교를 '규정'하려는 시도는 거의 가망 없는 일이다. 기독교를 이해하는 지름길로 로마 가톨릭교도와 영국성공회 신자 모두에게 익숙한 사도신경使徒信經을 살펴보자.

전능하신 아버지, 천지를 창조하신 전능하신 아버지와 그의 독생자이신 주 예수그리스도를 믿사오며, 그 외아들 우리 주 예수 그리스도를 믿사오니, 이는 성령으로 잉태하사 동정녀 마리아에게 나시고, 본디오 빌라도에게 고난을 받으사 십자가에 못 박혀 죽으시고, 장사한 지 사흘 만에 죽은 자 가운데서 다시 살아나시며, 하늘에 오르사 전능하신 하나님 오른편에 앉아 계시다가, 그리로부터 산 자와 죽은 자를 심판하러 오시리라. 성령을 믿사오며, 거룩한 공회와 성도가 서로 교통하는 것과, 죄를 사하여 주는 것과, 몸이 다시 사는 것과, 영원히 사는 것을 믿사옵니다.

물론 이 사도신경은 성경에서는 찾을 수 없고 영국 성공회의 《일반 기도서 *Book of Common Prayer*》에 실려 있는데, 이는 영국 성공회 신자라면 일 년 내내 거의 매일같이 암송하는 기도문이다. 《기독교 교회에 대한 옥스퍼드 사전 *Oxford Dictionary of Christian Church*》에 나와 있듯이 '사도신경의 표현은 간결하며 신학적 설명은 없다.' 그 외에도 많은 것이 빠져 있는데 사도신경에는 예수의 세속적 삶과 선교에 관한 모든 이야기가 생략되어 있다. 그림 없는 액자인 셈이다. 대단히 '초자연적'이라고 할 수 있는데, 또 다른 표현으로 '신화적'인 틀이라고도 할 수 있다. 오늘날의 아주 많은 기독교인들은 순수하게 전통을 근거로 사도신경을 기도서에 그대로 두는 것을 옹호하고 싶어 한다. 그리고 자신들의 개인적 신앙을 진솔하게 표현한 것이라는 점에서 그 타당성을 인정하지만, 사실은 유보 조항을 붙여서 제한적으로 받아들이고 있다. 어찌 되었든 분명히 사도신경에는 왜 신의 아들이 지구상에 태어나 십자가에 매달려 죽었는지와 같은 아주 기본적인 '신학적 설명이 부족하다.'

이러한 기독교의 중심 교리에 대한 전통적인 설명은 성

경 첫 권인 〈창세기〉에 '신화'의 형태로 전해지고 있는 '인간의 타락' 이야기에서 찾아보아야 한다. 인간의 시조인 아담과 이브는 사탄 또는 악마와 동일시되는 뱀의 유혹에 빠져 신에 불순종하고 선악과나무에서 선악과를 따먹음으로써 원초적 순수성을 잃게 되었다. 그들은 지상 낙원인 에덴동산에서 추방되었고, 그래서 그들에게 예정되어 있었던 신과 함께하는 영생을 빼앗겼다. 그렇게 해서 죄와 악마가 이 세상에 나타났고, 태초의 조상으로부터 시작된 '원죄'를 이어받게 된 인간은 모두 악마의 손아귀에 들게 되었고 죽으면 지옥에 갔다. 원래 아담과 이브를 위해 예정되었던 '영생'은 실제로 '지상의 낙원'에서 영원히 사는 것이었고, 그들이 향했던 '지옥'은 불의 고통을 받는 곳이 아니라 시올Sheol이라고 하는 '나락'이었다. 그곳은 유대인이나 바빌로니아인이나 똑같이, 선하든 악하든, 선하지도 악하지도 않든 모두가 죽어서 가는 곳이라고 여겨졌던 그늘진 음울한 영혼의 거처였다. 어찌 되었든 '인간의 첫 불순종'으로 인해 신의 원래 계획은 좌절되었다. 그래서 기독교 시각에서는 사람의 형상을 한 신의 아들에 의해서, 그리고 십자가 위에서 죄 많은 인류를 대속代贖함으로써만 이 속죄가 가능해질 수 있었다.

　유대 경전〔구약〕에서는 '하느님God'이라는 개념이 어느 한 부족의 신에서 출발해서 전 인류의 전지전능한 지배자로 발전하고, 유대인들은 신이 선택한 사람들이었다. 그렇게 해서 유대인은 진정한 유일신 체계를 발전시켰는데 이는 아마도 역사상 처음일 것이다. 전거典據를 보면 '기름 부음 받은 자'라는 뜻의 메시아라고 불리는 구세주나 해방시키는 자가 장차 도래할 거라고 나오는데, 그가 건설하려는 새로운 왕국이 현세의 것인지 영적인 것인지에 대해서는 이견이 있었다. 어쨌든 이 메시아라는 단어가 후에 기독교인들에 의해 그리스도로 번역되었다. 히브리어로 번역된 그리스어 크리스토스Christos는 '기름 부음'이라는 의미이다. 페르시아의 영향으로 유대인의 사후세계에 대한 믿음은 변혁을 겪게 된다. 하느님은 실제로 자신과 맞먹는 큰 힘을 가진 악마의 도전을 받게 되었는데, 이는 후에 타락한 천사인 기독교의 사탄 루시퍼와 동일하다. 선한 사람에게는 하늘나라의 보상이, 악한 사람에게는 지옥의 벌이 주어지는 최후의 심판이라는 개념도 생겨났다. 사두개인들은 사후세계의 존재를 부정했지만 바리새인들이 가지고 있었던 이러한 견해가 초기 기독교로 대부분 이어졌다. 물론 일부 사두개인들이 일종의 환생을 믿고 있었음을 알려주는 미미하지만 분명한 증거도 있다. 그리스도의 사명과 죽음, 그리고 이어서 일어난 부활에 관한 이야기는 신약에 나온다. 기독교인의 관점에서 그리스도는 성부, 성자, 성령 성삼위일체 중 두 번째, 성자인 아들이 이 땅에 구현된 것이다. 신학자를 포함해서 현대의 많은 기독교도들이 오늘날 뭐라고 말하든 사도신경은 대부분의 정통 기독교인들이 아주 초기부터 절대적으로 그리고 글자 그대로 믿어왔던 가장 중요한 내용 중 일부를 개략적으로 보여주고 있다. 많은 사람들은 그것을 지금도 믿고 있다. 만약 우리가 그것을 글자 그대로의 사실이 아니라 '신화'라고 여길 경우, 신화는 일반적으로 심오한 진실을 숨기고 있어서 그 심오함에 합당한 대우를 받아 마땅하다는 사실을 기억해야 할 것이다.

3. 예수는 어떤 인물인가?

기독교를 생각할 때면 실제로 사람들이 예수를 어떻게 생각하든지 언제나 그 중심에는 인간 예수라는 인물이 있다. 예수가 정말 실존했었는지에 대해서 의심을 품는 사람들이 있지만, 그렇게 생각하는 사람들이 옳은 것 같지는 않다. 그러나 논의를 위해서 가정해본다면 '신의 아들'이었을 수도 있고 아닐 수도 있는 예수라 불리는 분이 산상수훈을 설하지 않았고 다른 누군가가 했더라도 그 누군가는 대단히 위대한 스승이었다는 점이 중요하다. 예수의 생애에 관한 복음서의 이야기에는 모순과 문제점이 있지만 그건 정말이지 부차적 문제이다. 우리는 다음과 같이 추정해볼 수 있을 것이다. 예수는 전통적으로 알려진 날짜보다 몇 년 앞서, 적어도 기원전 4년 이전에 팔레스타인에서 태어났다. 그곳은 로마의 지배를 받고 있었지만 그곳 출신의 헤롯(기원전 37~4)이 통치하고 있었다. 당시는 아주 불안정하고 갈등이 팽배한 시기로 결국 서기 70년에 예루살렘과 예루살렘 대성전의 파괴로 종말을 고하게 될 운명이었다.

결국 유대인들은 뿔뿔이 흩어졌고 실제로 1948년까지 예루살렘은 유대인들의 손에 되돌아오지 못했다. 유대 사회의 지도자들은 바리새인과 사두개인이었다. 바리새인들은 '새로운' 메시아의 개념을 수용했고 때로는 위선으로 보이기도 하지만 진정으로 순결한 생활과 종교의식의 규칙을 엄수할 것을 주장했다. 그리고 바리새인들의 경쟁자이면서 영향력이 컸던 사두개인들은 사후세계와 같은 '최신식' 개념을 받아들이지 않았다. 또 금욕적인 에세네파와 열심당과 같은 다양한 열렬 국수주의 그룹들도 있었다.

예수는 갈릴리에서 성장했다. 그곳은 유대의 북쪽 지방으로, 사람들은 비록 메시아가 로마인들을 내쫓고 지상 왕국을 건설할 수 있는 군사 지도자쯤이라고 인식하고 있긴 했지만 메시아에 대한 기대가 대단히 높은 지역이었다. 예수가 십자가형(서기 약 30~33)을 받기 전 마지막 이삼년의 행적까지만 알려졌을 뿐 그 전의 예수의 행적에 대해서는 알려진 바가 없다. 다만 예수가 열두 살의 나이에 국가가 행하는 대규모 제사의 중심지인 예루살렘 대성전으로 보내졌다는 사실은 전해지고 있다. 예수가 읽었을 법한 책은 유대교 성서가 유일했을 듯하다. 예수는 공식 사역을 시작하기 전에 지역 유대인 집회나 나사렛의 집회소에서 안식일(토요일)에 가르쳤던 것 같다. 예수가 도래할 메시아라는 확신이 점차 커졌던 것 같지만 이러한 메시아사상은 영적인 것이었지 세속적이거나 군사적인 것이 아니었던 것 같다. 바로 이 점이 그의 지지자와 반대자 모두에게 상당한 오해를 불러일으켰다.

예수가 출현하기에 앞서 요단강 계곡에 한 낯선 금욕적인 인물이 나타났는데, 일부에서는 그 사람을 예언자 엘리야의 환생이라고 여겼다. 이것은 일종의 환생에 대한 믿음이 당시 팔레스타인에서 전혀 생소한 개념은 아니었다는 것을 보여주는 엄연한 한 가지 예이다. 이 사람이 세례 요한이었는데 아마도 에세네파의 일원이었을 것이다. 그는 하나님의 왕국이 도래할 것임을 주창했고, 사람들에게 요단강에서 자신의 죄를 회개하고 씻어낼 것을 촉구했다. 예수는 침례浸禮를 받았고, 그 후 여러 복음서에 다양하게 묘사되어 있듯이 예수는 어떤 종교적 체험을 하게 된다. 그 체험으로 인해 결국 예수 자신과 요한은, 예수가 이사야서

에 '수난을 당하는 신의 종'이라는 모습으로 예언된, 바로
그 메시아임을 확신하게 되었다.

이 체험 직후 예수는 한동안 사막으로 물러나서 그곳에
서 사탄이 벌이는 온갖 유혹을 겪었다고 한다. 이 이야기
는 갓 깨달음을 이룬 붓다를 마아라*Māra*가 유혹한 이야기
와 전체적으로 상당히 비슷하다. 40일이 지나 예수는 자신
의 소명에 대한 확신이 강해지자 황야에서 돌아와 독자적
인 목회를 시작했다. 세례 요한은 얼마 후 체포되고 참수
형에 처해졌다. 그러는 사이 예수는 자신의 주변에 일군의
제자, 알려진 대로 12명의 제자를 모았다. 여기에는 마태,
시몬과 안드레 형제, 그리고 이들의 동료였던 야고보와 요
한이 포함되어 있었다. 세리稅吏였던 마태는 사복음서 중
첫 번째 복음서의 저자이며, 시몬과 안드레는 갈릴리해의
어부였고, 시몬은 후에 베드로라 불리고, 요한은 네 번째
복음서를 쓴 것으로 알려져 있는데, 네 번째 복음서는 다
른 세 복음서와 그 내용이 상당히 다르다. 12명의 제자 중
에는 후에 예수를 배반하게 되는 가롯 유다도 있었다. 불
자들은 유다를 데와닷따에 비교하게 될 텐데, 부처님을 향
한 데와닷따의 간계는 유다에 비해 성공적이지 못했다.

예수는 제자들과 함께 여기저기로 다니며 가르침을 폈고 병자를 고쳐 주기도 했다. 오늘날에도 치유 능력이 있는 사람들이 있기 때문에 소위 이러한 기적에 놀라거나 회의를 품을 필요는 없으며, 우리가 예수의 신성을 어떻게 생각하든 그런 능력을 가지고 있었다는 것을 의심할 이유도 없다. 또한 단순히 불가사의한 것을 일컫는 데 전통적으로 사용되어 온 '기적'이라는 단어를 사용한다고 해서 트집을 잡지도 않을 것이다. 예수의 가장 유명한 설교는 산상수훈이라고 알려진 설교이다. 그 설교에는 팔복7, '마음이 가난한 자는 복이 있나니, 하느님의 왕국이 저들의 것이요'와 '원수를 사랑하라, 그대를 헐뜯는 자에게 축복을 기원하라, 그대를 미워하는 자에게 착하게 대하라, 그대에게 원한을 품고 박해하는 자를 위해 기도하라'는 명령 역시 포함되어 있다.

---

7 〔역주〕 팔복Beatitudes: 여덟 가지 행복〔眞福八端〕. 참으로 행복한 사람은 마음으로 가난한 사람, 슬퍼하는 사람, 온유한 사람, 옳은 일에 주리고 목말라 하는 사람, 자비를 베푸는 사람, 마음이 깨끗한 사람, 평화를 위해 일하는 사람, 옳은 일을 하다가 박해를 받는 사람 등이라고 한다. 《가톨릭에 관한 모든 것》 (가톨릭대학교 출판부) 참조.

예수는 바리새인들에게 '하느님의 왕국은 그대 안에 있다'(《누가복음》17장 21절)라고 하였다. 이 말은 다양하게 해석되고 번역되었다. 그리스 단어인 엔토스 휴몬entos humōn 역시 흠정성서에서처럼 '당신들 가운데'라는 의미일 수 있지만 '당신 안에서'라는 번역이 분명히 옳다. 바리새인들은 하느님의 왕국을 자신들 안에서 찾을 수 있다는 것을 몰랐다. 이는 마치 그 유명한 선禪의 공안公案인 구자불성狗子佛性에 나오는 구자무불성狗子無佛性 부분을 상기시킨다.8 어쨌든 바리새인들은 세속적인 왕국이 도래하기를 기대했다. 공정하게 말하자면 적어도 일부 바리새인들은 성경에 나오는 평판이 좋지 않은 바리새인들보다는 더 좋은 사람들이었다는 것만은 분명하다.

'기득권자들'이 예수를 미워했던 것은 놀랄 일이 아니다. 바리새인들은 도저히 화해할 수 없는 적대 세력인 사두개

---

8 〔역주〕 중국 선종의 꽃을 피운 조주趙州 선사(778~897)의 공안 중 대표적인 화두인 '구자불성狗子佛性'에서 조주는 "개에게 불성이 있습니까"라는 질문에 "있다"고 대답했다. 다른 때 다른 사람이 같은 질문을 하자 "없다"고 했다. 유무에 대한 양 문화권의 관념의 차이를 통해 예수가 처한 상황이 얼마나 엄중하고 전통 일변도로 완강했는지 짐작할 수 있다.

인들과 동맹을 맺어가면서까지 예수를 함정에 빠뜨렸다.
예수는 위험하고 불온한 인물로 간주되었다. 결국 예수가
자신이 메시아라고 공개적으로 주장하자, 특히 예수의 추
종자들 중 일부가 실제로 그랬던 것처럼 바리새인들은 예
수를 로마인들과 그 로마인들을 추종하는 유대교도들에게
저항하는 정치적 모반자로 여겼기 때문에 더욱 위험하게
생각했다. 결과는 익히 예상할 수 있었다. 예수는 자신의
제자 중 한 사람인 가룟 유다의 방조로 로마인에게 넘겨졌
다. 그런데 십자가에 매달리기 전에 최후의 만찬이 있게
되는데, 이 일화는 거의 모든 기독교인들이 제일 중요하게
여기고 있어서 아무리 대충 훑어보는 식의 개관이라 할지
라도 간과하고 넘어갈 수는 없겠다. 이제 〈마태복음〉을 살
펴보도록 하자.

> 만찬 중에 예수께서 빵을 가져와 축복을 내리고 그 빵을
> 쪼개어 제자들에게 주시며 말씀하시기를 '이 빵을 받아먹
> 으라, 이것은 나의 몸이니라.' 하셨다. 그리고 잔을 들어
> 감사 기도를 하시고는 제자들에게 잔을 주며 말씀하시길,
> '모두들 들라. 이것이 죄 사함을 위해 많은 이들에게 내리

는 나의 언약의 피니라.'(〈출애굽기〉 24:8) '내가 너희에게 이르노니, 나의 아버지의 나라에서 너희와 함께 새로 포도주를 마실 그날이 올 때까지 지금부터 나는 이 포도주를 마시지 않겠노라.'

〈마태복음〉 26장 26~29절

이 이야기는 성찬식 또는 영성체의 근거가 된다. 로마 가톨릭이 믿는 대로라면 사제가 봉헌한 빵과 포도주는 실제로 예수의 몸과 피로 변한다고 한다. 그렇지만 종교개혁 이후, 개신교의 견해로는 성찬식은 최후의 만찬을 기념하는 것이지 빵과 포도주가 기적처럼 변하는 것을 의미하지는 않는다.[9]

먼저 유대 당국이 예수를 심문한 후에 로마 총독 빌라도

---

9 〔역주〕화체설化體說 trans-substantiation: 성찬聖餐에 관한 해석으로, 성찬 시 떡과 포도즙이 사제의 축복이나 혹은 다른 어떤 방도에 의해 그리스도의 몸과 피의 실체로 변한다는 견해. 공체설共體說 consubstantiation: 성찬 시 떡과 포도주의 본체는 그대로 있고 그리스도의 살과 피의 본체가 떡과 포도주 '안에' '함께' 연합된다는 주장. 즉, 그리스도께서 성찬 음식에 실재로 임재하신다는 견해. 《교회용어사전》 참조.

에게 넘겼는데, 빌라도는 어쩔 수 없이 강한 압박에 밀려서 예수에게 사형을 선고했고 십자가형이라는 끔찍한 절차가 진행되었다. 성聖 누가에 따르면 예수는 '아버지여, 저들을 용서하소서. 그들은 자신들이 무슨 일을 하는지 모릅니다.'(〈누가복음〉 23:34)라고 기도했다. 그렇지만 이런 말을 한 것은 다른 복음서에는 언급되어 있지 않고, 심지어 〈누가복음〉의 일부 사본에서조차 빠져있다. 그 말은 진정에서 우러난 말이었지만 애석하게도 사람들에게 회자되기에는 너무 생소해서 기억되기 어려웠던 것 같다. 그리고 실제로 가까스로 기록에서 삭제되지 않았다. 예수는 겨우 몇 시간 만에 비교적 빨리 사망했고, 이것으로 이야기는 끝이 나는 듯했다.

그런데 이것은 시작에 불과했다. 예수는 자신이 무덤에서 다시 살아나게 되리라 말했었고, 또 그렇게 했다. 전해지기로는 40일이라는 기간 동안에 여러 차례에 걸쳐 제자들 눈앞에 예수가 모습을 드러냈다. 소위 치유의 '기적' 경우처럼 우리가 예수의 신성을 어떻게 생각하든 간에 그렇게 예수가 출현한 사실을 의심할 필요는 없다. 예수의 출현은 낙담해 있는 제자들의 용기를 북돋우고 흔들리는 믿음을 확고하게 하는 효과가 있었다. 스승이 죽었다 다시 살아났고, 여기에서 기독교의 역사가 시작되었다.

희생犧牲 의식에 덧붙이는 글. 예수가 최후의 만찬에서 베풀었던 성찬식은 로마 가톨릭에서는 '피 흘림 없는 희생 의식'으로 간주한다. 그리고 이것은 십자가 위에서의 희생 을 재현하는 것이고, 유대교 회당에서의 유대인들의 희생 을 대신하는 것이기도 하다. 동물을 희생하는 의식은 '성 전聖殿'이라고 여기지 않았던 유대교 회당에서는 치를 수 없었고 오직 예루살렘 대성전에서만 할 수 있었다. 따라서 서기 70년에 대성전이 파괴되자 그와 같은 희생 의식은 유 대교에서 끝났고, 기독교에서 그 흔적을 전혀 찾아볼 수 없게 되었다. 또한 이슬람교에서도 볼 수 없었다. 인도에 서는 주로 불교의 영향으로 사실상 그러한 희생 의식이 사 라지게 되면서 대부분의 고대 종교에서 볼 수 있었던 그 불쾌한 모습이 오늘날에는 아주 드물게 되었다.

4. 기독교 교회

  사도 바울은 기독교 교단의 '창설자'는 아니라 하더라도 적어도 대표적 전도사이기는 했다. 원래는 바리새인으로 기독교도를 박해했던 바울은 그리스도의 환영幻影을 본 후 개종했으며, 그 후로 유대인들 사이에서는 물론 로마의 통치하에 있는 전역을 돌아다니며 새로운 신앙을 전파하기 위해서 끊임없이 글을 쓰고 사역을 하며 전도했다. 그리고 결국에는 네로Nero가 통치하던 로마에서 순교하게 된다. 로마인들은 기독교도를 참을 수 없을 만큼 성가신 존재로 여겼으며 그들을 빈번히 박해했다. 그러다 마침내 콘스탄틴 황제(337년 사망) 시대에 황제 자신이 기독교를 받아들이게 되었고, 그 후 얼마 지나지 않아 기독교도들이 이교도를 박해하기 시작했다. 로마 자체가 곧 기독교의 중심지가 되었고, 로마의 교황을 성 베드로의 후계자로 생각했기 때문에 교황은 서로마 교회의 최고 수장으로 추앙되었다. 그리고 사라진 로마제국의 실질적 '영적 계승자'가 되었다. 그렇게 하여 유대인의 영성과 그리스 철학이 분명하게 담겨있는 요한복음서에 로마의 권위주의가 더해졌다. 한편 동로마에서는 현재의 이스탄불인 비잔티움에 중심을 둔 정교회와 몇몇 더 작은 교회들이 독자성을 유지한 채 남게 되었다. 1500년 이후 종교개혁이 시작될 때까지 서구에서 유일한 '공식적' 신앙은 오늘날 우리가 알고 있는 로마 가톨릭이었다.

중세 기독교에 만연한 교조적 시각은 성 아우구스티누스(430년 사망)가 그 얼개를 짰고, 성 토마스 아퀴나스(1274년 사망)가 세심하게 다듬었다. 당시에는 이 지구가 우주의 중심이었고, 역사의 진행은 7세기 영국의 대주교 어셔가 기원전 4004년이라고 연대를 정한 천지창조로 시작되었으며, 최후의 심판으로 종말을 맞게 될 것이라고 생각했다. 사람들은 그 최후의 심판이 언제 있게 될지 몰랐지만 기원후 1000년에 일어나리라고 널리 믿고 있었다. 그러나 이는 실제 역사에서 틀렸음이 입증되었다. 로마 가톨릭교회에서 여전히 가르치고 있는 몇몇 주요 교리를 보면 다음과 같다.

최초의 인간인 아담의 불복종으로 인류 전체가 죄인이 되었고〔원죄原罪〕, 신의 아들인 예수 그리스도가 십자가 위에서 대속代贖하는 희생〔救贖〕이 있기 전까지는 모두가 지옥으로 갔다. 예수는 신의 아들이면서 인간이기도 했다. 그래서 그는 인간으로서의 삶을 완벽하게 살았으며 인간으로서 고통을 받다 죽었다. 그 은총으로 모든 사람은 교회가 지정한 성직자가 주재하는 성례에 의해서 구원을 받을 수 있다. 다만 그 성직자는 특별히 임명을 받고, 교황의 권위를 인정하며, 반드시 독신으로 순결을 지키는 사람이어야 한다. 그런데 교회에 속하지 않은 사람이나 대죄를 지어 죽어야 하는 사람은 영원히 지속되는 지옥에 간다. 경미한 죄를 짓고 그에 대한 충분한 속죄가 이루어지지 않은 사람은 연옥에 가서 일시적으로 벌을 받다가 충분히 정화되면 천국에 들어갈 수 있게 된다.

이런 내용을 다룬 글들 대부분은 믿음의 영역에 속하는 문제로서 그에 대해서는 논란할 필요가 없다. 그렇지만 영원히 지속되는 지옥이라는 교리는, 그 밖의 기독교 교리에 공감할 수 있는 많은 사람들에게조차 큰 걸림돌이다. 그리고 때때로 이 가르침에 반대하는 목소리가 커지기도 한다.

그런 글들은 표면적으로 영원한 지옥이라는 교리를 예수가 가르쳤다고 말하려는 것처럼 보인다. 그렇지만 현대 가톨릭 신자들은 어떤 특정 개인 하나하나를 두고 보면 그가 과연 지옥에 영원히 갇혀있어야 하는 건지 알 길이 없고, 따라서 그런 지옥이라면 아마도 텅텅 비어 있을 거라고 역설하기도 한다.

수도원 생활을 중요하게 여기는 것은 중세 기독교의 핵심적인 특색이다. 동양의 불교식 승가 생활과 역사적으로 연관이 있는지는 여기서 다룰 수 없는 문제이지만 서로 다른 두 문화가 인간 본능을 아주 많이 거스르는 그와 같은 제도를 만들었다는 사실은 의미심장하다. 수도원 생활이 로마 가톨릭에서는 물론이고 정교회에서도 여전히 얼마나 강력한 활력소 역할을 하고 있는지 개신교 배경에서 성장한 사람들은 보통 잘 인식하지 못하고 있다. 정화의 한 방편으로 금욕적인 자기 절제를 추구하는 것은 초기 기독교에서는 근본적인 것이었다. 심지어 지나친 금욕이 난행고행으로 이어지는 경우마저 자주 있었다. 그렇지만 서구의 기독교 국가들에서는 529년 성 베네딕트가 신중하게 만든 규율이 이후 모든 수도회 규칙의 모델이 되었다. 교리 면에서는 차이가 현격했지만, 수행 방식 면에서는 기독교와 불교가 서로 가까웠다. 일례로 탁발 수행의 경우 13세기 초에 스페인의 수도사 성 도미니크와 이탈리아의 수도사 아시시의 성 프란체스코가 창시한 탁발수도회와 불교의 탁발 승가가 매우 유사했다. 수도회 규율인 탁발 외에도 그와 동일한 금욕주의 정신은 로마 가톨릭 교회의 모든 성직자와 그리스 정교회의 주교들이 지켜야 하는 엄격한 금혼 규칙에서도 찾아볼 수 있다.

1500년경에 이르면 교회는 부패하고 세속화하여 결국 보르지아 가문의 교황 알렉산더 6세(1492~1503)가 악명 높은 부도덕을 저질렀을 때 그 극치에 이르게 된다. 이전의 모든 개혁 시도는 참혹한 탄압 때문에 좌절되고 말았다. 그러나 1517년에 학문이 깊은 독일 수도승 마틴 루터가 역사에 '종교개혁'이라고 알려진 반란에 성공하게 되었다. 그것은 최신 인쇄술의 발명이 있었기에 가능한 일이었다. 루터는 교황의 권위를 거부하고 계시의 유일한 원천으로 성경을 받들었다. 그는 연옥의 교리를 거부하고 믿음만이 구원받는 데 필수적이라고 주장했다. 많은 영주들은 정치적 이해 때문에 종교개혁을 지지했고, 그래서 유럽은 곧

가톨릭과 '개신교(프로테스탄트)'로 양분되었다. 영국에서는
헨리 8세가 수도원을 탄압하고 스스로가 교회의 수장이
되었다. 영국 교회는 주교 제도와 같은 일부 '가톨릭다운'
특징과 새로운 개신교주의를 결합함으로써 점진적 변화를
이루어냈다. 마침내 제국의 발전과 더불어 영국 국교인 성
공회가 전 세계적으로 퍼져 나갔고 미국에서는 미국 성공
회가 되었다. 개신교의 또 다른 분파는 칼뱅에 의해서 제
네바에서 창시되었는데, 암울한 운명예정설을 강하게 고
집하였다. 특히 칼뱅주의자들은 가톨릭에서 했던 것 못지
않게 자신들을 반대하는 사람을 지독하게 박해했다. 그러
는 가운데 종교의 자유라는 개념이 서서히 뿌리를 내렸다.

　가톨릭 신자나 개신교도는 이교도에게 전도하는 일을
매우 중요하게 여겼다. 결국은 불과 칼로 평화와 사랑의
종교를 전파하려는 초기의 시도를 포기했고 특히 유럽의
식민지에서는 그런 노력이 좀 더 평화로운 방식으로 계속
되었다. 최근에는 거꾸로 불교와 그 밖의 '이국적' 신앙이
서구로 소개되는데, 그 과정을 시적詩的 정의正義, 즉 인과
응보因果應報의 실현이라고 보는 사람도 있을 것이다.

5. 어두운 면을 직시하면

유감스럽게도 전통적 기독교에는 우리가 정면으로 직시해야 할 어두운 면이 있다. 특히 고문으로 '이단자'의 자백을 강요한 후 산 채로 화형했다는 종교재판소의 끔찍한 기록은 로마 가톨릭 교회가 오랜 세월에 걸쳐 그 오명을 씻어야만 했던 일이다. 그래서 오늘날 가톨릭 교인들은 어느 누구도 교회 역사에서 이 비극적인 시기에 대해 변명하려 하지 않는다. 교회는 자신의 과거 어두운 면을 이겨냈지만, 금세기에는 더 나쁜 명분을 내세워 그에 맞먹는 공포스러운 일이 행해지는 것을 우리는 목격했다. 기독교인이 아닌 사람들은 물론 기독교인들도 강력하게 혐오하고 비난하는 그 공포스러운 일을 규탄하느라 더 이상 시간을 낭비해서는 안 된다. 그보다는 가능한 한, 인간성이 일반적으로 타락하는 것보다 더 특수하고 무시무시한 그 탈선의 원인을 이해하도록 해보자. 거기에는 두 가지 원인이 있을 것이다. 그 하나는 순교에 대한 강박이고, 다른 하나는 지옥에 대한 교리이다. 물론 이들은 서로 관련되어 있다.

전통적 가르침에 따르면 예수는 십자가에 못박혀 죽음
으로써 인류를 대속하였다. 기독교도는 로마인과 이교도
의 탄압을 받기 일쑤였으며, 여러 끔찍한 모습으로 당하는
죽음을 감당함으로써 많은 기독교도가 '순교자', 즉 믿음에
대한 증인으로 공경을 받게 되었다. 순교자를 광신적으로
추종하는 일은 때로는 병적인 모습을 띠기도 하였다. 나중
에는 가톨릭 교회로부터 고통을 당했던 개신교도들이 비
슷하게 숭배를 받았고 그들이 어떤 고통을 받았는지 적나
라하게 설명한 내용이 폭스가 저술한 《순교자의 책Book of
Martyrs》과 같은 것으로 발표되었다. 이 소름 끼치는 책은
한때 개신교도 자녀들을 위한 추천 도서였다.

사랑이 충만하고 전지전능하신 하나님 아버지가 타락한
자녀를 그 누구든 영원히 고문을 당하게 만들어야 한다는
생각은 오늘날 대부분의 사람들이 받아들일 수 없다. 영원
한 고문이라는 교리는 글래드스턴10과 루이스 캐럴로 더

---

10 〔역주〕글래드스턴William Ewart Gladstone (1809~1898): 영
   국의 정치가. 총리 역임. 정치적으로는 보수당이며, 종교는 성공회이
   며 고高교회파 즉, 전례, 성사 등의 교회전통을 중요하게 생각하는
   전통주의 노선을 걸었음.

잘 알려져 있는 도지슨 목사[11]를 위시한 빅토리아 시대의 수많은 유명인들의 마음을 괴롭혔다. 예수가 정말로 영원한 형벌이라는 그런 경직된 교리를 가르쳤다면 그런 예수는 사악한 사람이 열두 달 동안 불구덩이에 들어가는 벌을 받을 수밖에 없다고 믿었던 바리새인들보다도 더한 사람인 셈이다. 그것은 중대한 문제이다. 어떤 복음서에서는 그런 교리가 예수가 아니라 세례 요한이 한 말로 되어 있다. 우리는 예수의 말씀이 종종 여러 복음서에서 서로 다르게 인용되는 것을 알고 있는데, 사실 이 말을 예수가 한 것으로 전하는 것은 〈마태복음〉과 〈마가복음〉뿐이다. 그래서 이러한 견해는 예수를 기록한 이들의 개인적인 편견이거나 심지어 오역 때문이라고 보는 것이 타당할 것이다. 왜냐하면 예수는 아람어Aramaic로 말했지만 복음서는 그리스어로 쓰여 있기 때문이다. 그럼에도 불구하고 영원한 형벌에 대한 믿음은 정통 기독교의 가르침이 되었다. 실제로 개신교도들이 연옥에 대한 믿음을 배척하자 극명하게

---

11 〔역주〕 찰스 루트위지 도지슨Charles Lutwidge Dodgson (1832 ~1898): 영국 작가, 수학자, 사진사, 영국 성공회의 집사. '루이스 캐럴Lewis Carrol'이라는 필명을 사용해《이상한 나라의 앨리스》 등을 집필함.

상반되는 '천국과 지옥'이라는 교리만 남게 되었다.

이것은 분명 전통파 기독교의 어두운 일면이다. '지옥-
불'에 대한 설교가 불러일으키는 도덕적 가치 기준에 대한
반발심의 강도는 아무리 강조해도 지나치지 않을 정도이
다. 지옥-불을 설함으로써 신神이 그 스스로 인간에게 심
어 놓은 도덕적 가치보다 낮게 처참히 추락해 버린다면 어
떻게 그런 신을 믿을 수 있을지 따져볼 일이다. 이 교리는
물론 이 교리를 둘러싼 논란 때문에 기독교에 대해 불자를
포함한 많은 사람들이 반감을 보인다는 사실을 인정해야
한다. 하지만 그 반감이 지나치게 강하다면 어떤 구실을
붙이든 불자로서는 그런 비이성적 태도를 신중히 검토해
보아야 한다.

우선 아무리 정당화한다 해도 그런 지나친 태도는 불자
가 취할 적절한 반응이 아닐 뿐더러 불자로서는 결코 그리
할 수도 없다. 불자는 기독교에서 이야기하는 하나님이라
는 개념을 공유하지 않기 때문에 '하나님을 저주하는 것'이
유용한 치유 행위라는 말을 예사롭게 받아들이기 어렵다.
실제로 그런 식의 치유 행위를 필요로 할 불자는 거의 없

을 테지만 빅토리아 시대의 무신론자들은 하나님을 저주
하는 행위에 열광했다. 그런 행위가 멋진 충격요법, 그것
도 남들만을 위한 요법이라고 생각했던 것이다. 그러나 조
금 깊이 생각해 보면 다음과 같이 말할 수 있을 것이다.
하나님은 존재하지 않거나, 아니면 존재한다. 만약 하나님
이 존재하지 않는다면 존재하지 않는 개념을 저주하는 것
이 오히려 무의미하다. 반면에 만약 하나님이 존재한다면
그 하나님은 어린아이 같은 그런 못된 행동을 눈감아 주고
용서해 줄 언제나 사랑이 충만한 아버지이거나, 아니면 사
랑이 충만하지 않은 아버지 둘 중 하나일 것이다. 사랑이
충만한 아버지라면 그런 하나님을 저주하는 것은 부당한
일이고, 사랑이 충만하지 않은 아버지라면 그런 하나님을
저주하는 것은 현명하지 않을 것이다.

　하나님을 저주하는 그런 생각을 조금이나마 심각하게
하고 있다면 그 사람은 건전하지 못한 미움의 뿌리인 성냄
〔瞋恚, *dosa*〕으로 가득 차 있는 사람이다. 그리고 이 성냄
은 다양한 대상을 향할 수 있다. '하나님'이 그들의 유일한
공격 목표는 아닐 것이다. 그런데 물론 불교에는 이러한
불건전한 성향에 대처하는 적절한 방식이 엄연히 있다. 마

음챙김을 수행하고 거룩한 마음가짐, 즉 사무량심四無量心을 계발하는 것이다. 다른 감정처럼 노여운 감정 역시 냉정하게 거리를 두고 바라보아야지 그것에 매여서는 안 된다. 뿐만 아니라 자애〔慈 mettā〕와 연민〔悲 karuṇā〕을 계발하는 좀 더 특별한 수행법도 있다. 다른 사람을 미워하는 사람은 실제로 자기 자신을 미워하는 것이다. 그래서 자애 수행을 할 때 우선은 자기 자신에게 자애심을 보내고, 그 다음에 다른 사람에게로 확장한다. 실제로 이런 수행은 지키기 어려운 '네 이웃을 네 몸처럼 사랑하라'는 기독교와 유대교의 준엄한 명령을 실천에 옮길 수 있는 확실한 방편이다. 기독교도와 유대교도에게는 이웃 사랑보다 신의 사랑이 먼저겠지만 불교도로서는 이미 살펴보았듯 '신'이란 해방을 보증하는 '불생불멸'을 표현한 상징이라고 생각할 것이다. 그래서 청정한 '불교도의 양심'으로 우리의 자애심을 신이나 불생불멸에까지 확실하게 확장해 갈 수 있다. 예수 또한 '너의 원수를 사랑하라'고 하였다. 많은 기독교도는 이 계율을 기억하고 있기조차 부담스러울 텐데 하물며 실제로 실천하라면 얼마나 어렵겠는가? 불교도가 기독교도처럼 이 계율을 불편해 한다면 그는 불자를 자처할 권리가 없다고 해야 할 것이다. 혹시라도 우리가 어떤 이유

로든 '신' 또는 신이라는 개념을 조금이라도 적대시한다
면, 그것은 우리 자신 안에 무언가 미흡한 점이 있고, 또
한 그 점을 면밀하게 들여다보아야 한다는 것을 말해 준
다.

어쩌면 '지옥-불' 교리처럼 무시무시해 보이는 개념이 어
떤 이유에서 생기게 된 것인지 알 수 있을 것 같다. 불교
경전에도 영원하지는 않지만 엄청나게 오래 계속되는 아
주 무서운 지옥의 모습이 나온다. 불교에서 지옥은 언젠가
는 끝이 난다. 이 지옥은 사랑이 충만한 아버지가 만든 것
이 아니어서 덜 부담스럽지만, 이것 역시 문자 그대로 믿
기는 힘들다. 이생에서 끔찍한 행동을 한 사람이 업業의
과보로 다음 생에서 아주 불행한 조건에 맞닥뜨리게 된다
는 것은 얼마든지 받아들일 수 있기는 하다. 잘못을 저지
르지 않으려는 가장 큰 이유가 인과응보因果應報에 대한 두
려움 때문만은 아닐지라도 정의正義, 인간, 신, 업보에 대
해 조금이라도 알고 있는 사람이라면 바로 그것 때문에 잘
못을 저지르지 않게 될 것이다. 아주 선한 사람조차도 잘
못으로 인한 결과를 두려워하기 때문에, 이것이 자극이 되
어 더 큰 노력을 경주하려 들 것이다. 따라서 불교 승려나

기독교 사제처럼 금욕적인 삶을 사는 많은 사람들도 다른 사람들과 마찬가지로 종교적 타락을 피하기 위해 그들 스스로에게도 경각심이 필요하다고 느꼈을 것이다. 그러다 보면 이런 경향은 점점 더 강해져서 마침내는 시련을 이겨내지 못하면 어떤 무서운 결과를 맞을지 모른다는 식으로 과장하기에 이르렀을 수 있다. 실제로 업과 재생이라는 불교 교리나 그와 유사한 힌두교 교리는 완벽을 추구하는 인간이 오래 분투할 수 있도록 보다 적절한 가르침의 체계를 제공하고 있다. 개인적으로 그것을 받아들이든 받아들이지 않든 많은 사람들은 그런 개념이 정의롭게 들리기 때문에 매력을 느꼈다. 하지만 기독교 교회는 공식적으로 업과 재생 개념을 못마땅해 했다. 그런데도 16세기의 지오르다노 부르노나 근대에 와서는 유명한 회중會衆 교회주의자 레슬리 웨더헤드(1965년 사망)[12]처럼 업과 재생 개념에 찬성하는 기독교도도 늘 있어 왔다. 심지어 19세기 이탈리아의 대주교 파사발리처럼 그런 생각을 공공연히 지지한 로마 가톨릭교도도 있었다.

----

12 〔역주〕 본문은 웨더헤드가 1965년 사망으로 되어 있는데 최근 자료에 의하면 1976년 사망으로 되어 있음.

예수가 영원한 지옥 교리를 가르치지 않았다는 사실은 성경을 통해 증명할 수 없지만 예수가 가르쳤다는 증거도 확실하지 않다. 그리고 비기독교인들 중에는 그러한 교리를 예수가 말했다고 보지 않는 사람들이 많다. 불자들은 아주 오랫동안 기독교도들이 자신들의 믿음에 깊은 그림자를 드리운 영원한 지옥 도그마로부터 스스로를 해방하려고 노력하는 것을 연민의 눈으로 봐야 한다. 이 교리가 C. G. 융이 말하는 기독교의 '어두운 면'13이라고 할 수 있다. 그러나 당장은 우리 자신의 그림자 또는 예수가 말했던 우리 자신의 눈 속에 있는 '들보'14에 대처하는 데 힘을 기울이는 것이 더 급선무이겠다.

---

13 〔역주〕 어두운 면shadow side: 의식적인 자아 자체로선 식별하기 어려운 성격의 무의식적 측면.
14 〔역주〕 "어찌하여 형제의 눈 속에 있는 티는 보고 네 눈 속에 있는 들보는 깨닫지 못하는가." 〈마태복음〉 7:3, 〈누가복음〉 6장 41절.

6. 한 걸음 더 들어가 보자

사람들이 기독교 가르침을 수용하느냐 아니냐와 상관없이 기독교는 이미 서구 문명 전체에, 그리고 오늘날 전 세계에 지울 수 없는 영향을 끼쳤다. 오늘날 무신론자들 가운데는 초기 기독교에 대해 열렬하고 지적인 관심을 보이는 헌신적인 사람들도 있다. 그리고 성 베네딕트로부터 영감을 받은 기독교 수도승들이 여러 세대에 걸쳐 헌신적인 노력을 하지 않았다면 라틴어로 쓰인 고전 문헌 전부가 돌이킬 수 없이 사라져 버렸으리라는 점은 고전 학자라면 누구나 아는 사실이다. 주로 로마 가톨릭에서 영감을 받은 사상 유파가 실제로 있는데, 그들은 향수에 젖어 중세를 '신앙의 시대'라고 회고하면서 현대의 문제를 해결할 열쇠를 그 시대에서 찾아야 한다고 생각한다. 이런 견해가 과장되긴 했지만, 부분적으로는 중요한 진실에 대한 그들의 진정어린 인식을 드러낸다. 560년경부터 1500년에 걸치는 중세시대를 저평가해서는 안 된다. 오늘날에는 일부 사람들의 삶이 비참한 데 비해 그 시대는 모든 사람들의 삶이 비참했다. 오늘날의 시각으로 보자면 상상할 수 없을 정도로 불편한 삶이었다. 그렇지만 어떤 면에서는 오늘날 우리가 완전히 잃어버린 풍요로움이 거기엔 있었다. 지금 우리가 봐도 경이로운 풍요로움이었다. 여기저기에 남아 있는 중세 성당들이 현대의 손꼽을 만한 세속적 건축물과 나란히 완전한 예술 작품으로서 비교 선상에 설 수 있는 것은 전혀 우연이 아니다. 그 이유는 간단하다. 중세의 성당은 '하나님의 영광을 위해' 지어졌기 때문이다. 하나님이라고 불렸던 존재에 대해 인간이 그리는 모습이 아무리 흐릿하고 변덕스럽고 심지어 명백하게 모순되었을지라도 신이 준 영감은 사람들로부터 예술 작품을 끌어내기에 충분했다. 이것은 일부 최신 이론과는 정반대로 진정한 예술의 영감은 적어도 넓은 의미에서는 기본적으로 종교적이라는 사실을 아주 여실하게 보여주고 있다. 실제로 바로 그 '영감'이라는 단어에는 성령에 의해서건 아폴로나 뮤즈의 신들에 의해서건 예술가의 '내면으로 숨을 불어 넣는다'는 의미가 있다. 예술과 종교의 관계나 유사점은 뒤에서 잠시 살펴보아야 할 문제이다.

　예수가 '인간은 빵만으로 살아가는 것이 아니다'라고 했다.

빵 자체를 구하기가 너무 고생스러웠고, 또 전혀 구할 수 없기도 했던 그 어려웠던 중세시대에 빵만으로 살아가는 것이 아니라는 말의 진실성이 실현되고 있었다. 결국 교회가 가장 중요하게 여겼던 영적 자양분, 즉 마태복음의 라틴어 판본에서 표현한 것처럼 '초물질적 빵'을 공급하기 위해 진지한 노력을 기울였다. 하지만 그 노력이 실제로는 가끔 부절적하기는 했다. 그런데 현대인들은 음식이 적어서가 아니라 '푸짐한 음식'이 너무 넘쳐나서 고통을 당하고 있지만 신앙심은 위축되어 버렸다. 영적 자양분을 공급받았던 중세시대 사람들은 물질적으로는 거의 굶을 지경이었지만 현대인들보다 훨씬 더 충족감을 느꼈을지 모른다.

신앙심이 쇠퇴하게 된 것은 정확하게 말하자면 종교개혁 당시 중세 교회가 어쩔 수 없이 그리고 필연적으로 해체된 이후로 거슬러 올라가 볼 수 있다. 이는 인간이 '자연을 정복' 할 수 있다는 믿음이 자라기 시작한 것과 여러 이유에서 맞아 떨어진다. 여기서 '자연'이란 여전히 명백하게 정복하지 못하고 있는 인간의 성품, 회개하지 않는 약점 투성이인 인간의 성품을 뜻하는 것이 아니라 인간 주변의 물리적 환경으로서의 자연自然을 의미한다. 이 과정이 어떻게 진행되었는지는 E. F. 슈마허의 유작《당혹해 하는 이들을 위한 안내서A Guide for the perplexed》(1977)에 훌륭하게 잘 드러나 있다. 책 제목은 가장 위대한 중세 유대 철학자, 모세스 마이모니데스(1135~1204)의 작품에서 따온 것이다. 슈마허는 현대인의 신앙심이 데카르트(1596~1650)식 사고의 영향으로 어떻게 점차 위축되었는지 보여주었다. 뛰어난 수학자였던 데카르트는 철학 전반을 무게와 크기로 계량할 수 있는 수준으로 축소하고, 그렇게 함으로써 인간 존재에 의미를 부여하는 측량할 수 없는 그 모든 요소들을 한꺼번에 없애 버리려고 했다.

'과학의 행진'이 전개된 것도 정확하게 이런 견해를 기초로 하였다. 그렇지만 이제 우리는 그런 시각이 적절하지 않다는 것을 너무나 분명하게 알고 있다. 데카르트식으로 이해된 과학이 모든 물질적 유용함과 편리함을 가져왔다는 사실은 의심의 여지가 없다. 그럼에도 불구하고 기대했던 새천년은 전혀 도래하지 않았으며 오히려 세계가 파괴될 수도 있는 상황에 이르렀다. 데카르트는 자신의 사고 안에 하나님을 모시고 있었던 기독교도였지만 그의 논리적 접근이 도달한 결론은 모든 종교적 개념에 대한 체계적

부정이었다. 이로 인해 일부 사람들은 모든 역사는 순전히 경제적인 힘에 의해 결정되고, 종교를 위시해서 모든 인간의 '문화' 활동과 사고는 단순히 이러한 물질주의 기반 위에 세워진 '상부 구조'에 불과하다는 견해를 갖게 되었다. 이 견해를 지지하는 사람들은 현재 자신들의 견해를 공식적으로 전 세계에 강요할 수 있고 심지어는 지지하지 않는 다른 사람들에게 위협을 가할 수 있다. 이는 옛날 중세시대의 교회가 유럽 전역에 자신들의 견해를 강요할 수 있었다는 사실만큼 타당한 일이 아니다. 실로 논쟁을 위한 논쟁을 한다면, 중세 교회는 그들의 상대격인 현대의 무신론자들보다 당연히 자신들이 훨씬 더 진실하다고 주장하려 들겠지만, 양쪽 모두 자신들을 반대하는 조짐에 대해 보이는 반응은 실망스러울 정도로 너무나 닮았다.

사실 거의 알려져 있지 않지만 앞서 언급한 '상부 구조' 이론만큼이나 중요한 이론이 있다. 일본인 불교학자 우에다 시즈테루는 독일의 가장 위대한 신비주의자 마이스터 에크하르트에 관한 저서(1965)[15]에서 '유신론적 하부 구조

---

15 〔역주〕 우에다 시즈테루上田閑照 Ueda Shizuteru (1926~2019).

를 가진 무한성의 신비주의'[16]라는 표현을 사용했는데 이
것은 루돌프 오토의 저서[17]에 따른 것이다. 의도한 바는
아니었지만 이것이 '상부 구조' 이론을 보기 좋게 뒤집는
다. 거기에 나온 '무한성의 신비주의'라는 용어 대신에 불
생불멸에 대한 직관이라는 말을 써도 될 것 같다. 에크하
르트에게는 이 더 높은 인식이 제일 원리이고 '유신론적
하부 구조'는 그것에 의존한다고 말할 수 있다. 에크하르
트에게는 최상급으로 적용되는 이 원리의 적용 범위를 더
넓히면, 불생불멸에 대한 직관이 에크하르트만 못한 사람

《영혼 안에서 신의 탄생과 신성에의 돌파구. 에크하르트의 신비로운
인류학과 선 불교의 신비주의와의 대립 *Die Gottesgeburt in der
Seele und der Durchbruch zur Gottheit. Die mystische
Anthropologie Meister Eckharts und ihre Konfrontation mit
der Mystik des Zen-Buddhismus*》, Mohn, Gütersloh, 1965.

16 〔역주〕 신비주의 : 종교적 차원의 신비주의는 인간이 자신의 내면
세계로 침잠하여 그 안에서 신(궁극적 실재)을 체험하고 신(궁극적
실재)과 하나가 되는 것을 추구하는 것이라 할 수 있다. 체험을 통한
신에 대한 인식을 뜻한다.

17 〔역주〕 루돌프 오토Rudolf Otto (1869~1937): 독일 루터교 신학
자, 철학자, 비교 종교가. 저서:《동양과 서양의 신비주의: 신비주의
의 본질에 관한 비교연구*Mysticism East and West: A
comparative analysis of the nature of mysticism*》(1926) 참조.

들에게도 역시 적용된다는 점을 알 수 있다.

우리는 수도원 생활이 불교에서와 마찬가지로 중세 기독교에서 큰 역할을 했다는 사실을 앞에서 보았다. 또한 개신교 교회에서 수도원 제도를 없애 버린 것이 신앙심을 약화하는 데 일조한 요인이었다고 생각할 수 있다. 세속적인 즐거움을 포기할 정도로 신앙생활에 전적으로 투신하는 사람들이 공동체 안에 있다는 사실은, '한 개의 누룩이 온 밀반죽 덩이에 퍼지듯이'[18] 실제로 공동체 전체에 강력한 자극제가 된다. 물론 매사가 그러하듯 수도원 생활도 냉소적인 사람들이 종종 과장하는 것처럼 부패해질 수 있다. 그렇지만 평신도에게 본보기와 스승이 되는 훌륭한 수도승과 수녀들은 우리의 의식 차원을 넘어 훨씬 더 깊고 엄청난 영향을 미치는데, 이런 사실을 오늘날 서구에서는 별로 인정하지 않고 있다. 적어도 훌륭한 수도승과 수녀들은 감각적 욕구의 노예가 되지 않고도 살 수 있을 뿐만 아니라 그것도 행복하게 살 수 있다는 점, 또한 빵은 별도로

---

18 〔역주〕〈갈라디아 서〉 5장 9절 "적은 누룩이 온 덩이에 퍼지느니라."

치고 실제로 '인간은 섹스만으로 살아가는 것이 아니다'라
는 사실도 끊임없이 상기시켜 준다.

7. 기독교 신비주의

　'신비주의'는 기독교 교회에서 오랜 역사를 지니고 있지
만 의심의 대상이 되기 일쑤였다. 가톨릭교회는 신비주의
자들이 이단으로 빠지지 않도록 늘 그들을 조정하려고 했
다. 그러나 개신교도들은 흔히 신비주의를 배척했다. 그것
은 신비주의가 '가톨릭'과 일부 관련이 있다는 점, 또 신플
라톤주의[19]에 기반한 '이교도'가 아닐까 하는 점, 그리고
불교를 비롯한 다양한 동양철학사상과 관련이 있지 않을
까 하는 의혹 때문이었다. 디오니시우스 아레오파기테스
(서기 500년 경)라고 알려진 저자의 작품[20]에는, 신비주의

---

19 〔역주〕신플라톤주의: 기원후 3세기에 플로티노스에 의해서 실질
　적으로 창시되고, 6세기까지 존속한 철학사조. 그 후의 유럽철학사
　상에 플라톤주의의 전통을 정착시키는 작용을 했다. 플로티노스 자
　신이 상당히 독창적인 사상가였는데, 자신의 사상을 모두 플라톤 철
　학으로부터의 귀결이라고 하였기 때문에 이 이름이 붙게 되었다.
　《종교학대사전》. 참조.

20 〔역주〕偽僞 디오니시오스 아레오파기테스: 5세기 말~6세기 초
　활동. 기독교 신학자, 철학자. 《디오니시오스 위서》로 알려진 문서의
　모음이 전해짐.

자의 '정화淨化 · 조명照明 · 합일合—'이라는 영적 진보의 정
통적인 세 단계 길뿐만 아니라, 14세기에 쓰인《미지의 구
름Cloud of Unknowing》(영어본)에 표현된 부정신학21의 개
념들도 담겨있다. '신비주의'라는 말은 눈이나 입을 닫는다
는 뜻의 그리스어 미스티코스mystikos에서 기원했으며 고
대 그리스의 종교극과 관련이 있다. 개인의 종교적 경험을
통해 현생에서 즉각적으로 얻는 신에 대한 앎이라고 정의
하기도 한다. 만약 우리가 이 정의를 진정한 의미의 불생
불멸에 대한 직관과 동일하게 생각한다면 실제로 그것이
종교 생활의 필수 불가결한 기본이라고 주장할 수 있다.
이러한 직관이 종교 생활을 충만하게 해주지 않는다면 그
어떤 종교라도 생명이 없거나 결실이 없다고 하겠다. 가장
위대한 기독교 신비주의자인 독일의 마이스터 에크하르
트(1260년경~1328년)에 대해 간략하게나마 살펴보도록
하자.

---

21 〔역주〕부정신학否定神學: 무신론이나 반신론反神論, 불가지론이
   아니라, 하느님에 대한 제한적이고 불완전한 규정을 부정하는 방식
   으로 하느님의 본질을 인식하려는 그리스도 신학의 한 분야.《두산
   백과》, 참조.

에크하르트는 도미니크회의 저명한 일원이고, 파리 대학교에서 학생을 가르쳤는데 일반인에게 이단의 교리를 전파한다는 죄목으로 꼴로뉴의 대주교에 의해 고발당할 때까지 학교의 고위직을 맡고 있었다. 이 사건은 교황청에 회부되었고, 그의 사후 1329년에 혐의 중 28개 항이 유죄 판결을 받았다. 이 판결은 오늘날까지도 논쟁의 여지가 남아있다. 하지만 요즈음은 그가 정통파 신앙의 테두리 안에 겨우 들어간다고 보는 견해가 많다. 그가 쓴 백여 편의 독일어 설교문이 보존되어 있는데 그 설교를 보면 에크하르트는 '영혼 안에서 신의 아들인 그리스도의 탄생[22]이나 하나님 말씀, 복음의 탄생'이라는 주제를 끊임없이 궁구했다. 이러한 그리스도나 복음의 탄생은 영혼의 절정, 즉 섬광이나 영혼의 성城 안에서 일어난다.[23] 그런 일을 겪은 사람은 성찬식에서 빵과 포도주가 하나님이 되는 것처럼 신성

---

22 〔역주〕 성자가 성령 안에서 성부에 의하여 출생하였듯이 사람의 영혼도 하느님에 의하여 출생하였다는 것.

23 〔역주〕 에크하르트는 "하느님의 존재와 속성은 내 것이다. 예수는 인간 영혼의 성城 안으로 들어온다. 그때 영혼의 불꽃은 시간과 공간을 초월한다. 그 영혼의 빛은 창조되지 않고 창조될 수도 없으며, 어떠한 중재도 없이 하느님을 소유한다. 인간 영혼의 중심과 하느님의 중심이 하나가 된다."고 말한다.

神性으로 받들어진다고 한다. '모든 피조물은 순수한 무無' 이기 때문에 이런 탄생은 모든 세속적인 것에서 철저하게 벗어남24으로써 가능하며 하나님만이 '존재성의 주인'이다. 하나님의 은총을 통해 영혼 안에서 그리스도나 복음의 탄 생을 실현하는 '영혼의 힘'은 '더 높은 지성'이다. 에크하르 트의 견해가 이단이라고 판결을 내렸던 이들은 에크하르 트의 의식 수준까지 도달하지 못해서 그렇게 했다고 해도 괜찮을 것이다.

에크하르트는 '핵심을 찌르려면 껍질을 부숴야만 한다.'25 고 했다. 우리는 아마도 에크하르트와 위대한 불교 철학자 이자 중관학파의 창시자로 전통 불교의 형식이라는 '껍데 기를 부수고 형식을 깬' 나가르주나(龍樹 150년~250년경)를 비교할 수 있을 것이다. 에크하르트는 이단시 되었지만 나

---

24 〔역주〕 철저하게 벗어남radical detachment은 에크하르트의 주 요개념임. 소마 스님, 보리수잎·쉰,《불제자의 칠보》,〈고요한소리〉 (2021), 38~39쪽 참조.
25 〔역주〕 기도, 금식, 고행, 전래 등과 같은 교회의 전통적인 신앙 행위는 단지 외적인 행위일 뿐 인간을 거룩하게 만들지 못한다는 의 미.

가르주나는 고대 인도의 좀 더 자유로운 분위기 덕에 처벌
을 면할 수 있었다. 그렇지만 교황이 될 뻔했던 쿠사누스
(니콜라우스 폰 쿠에스 1401~1464)는 에크하르트의 말 대부
분을 좀 다른 식으로 표현했다. 당대의 탁월한 지성인이었
던 쿠사누스는 혼란스러웠던 아비뇽 교황 시대의 스캔들
이 벌어진 후 그다지 성공을 거두지는 못했지만 교회를 개
혁해 보고자 노력을 기울였다. 그의 대표작 《데독타이그노
란티아》26는 수학적 기호를 사용해서, 인간은 유한한 방법
으로 무한한 존재인 하나님의 완벽한 지식, 전지전능함에
결코 이를 수 없다는 것을 보여준다. 쿠사누스는 하나님을
일컬어 '대립물對立物의 일치'라는 유명한 구절로 표현한 바
있다. 같은 정신으로 그는 기독교 세계 안에서의 합일, 심
지어는 초월적 합일을 이루려고 노력했다. 그리고 더 나아
가 '그러므로 이성적인 모든 존재에게는 유일한 종교, 유
일한 신념이 있다. 그리고 이런 종교는 다양한 의식儀式을
배경으로 하고 있다.'라고 대담하게 천명했다. 이런 쿠사누

---

26 〔역주〕《지知 있는 무지De docta ignorantia》(1440년 저)는 철
  학적·신학적 작품으로서 소위 신神을 어떻게 알아볼 수 있을지 세
  가지 단계에 따라 설명을 시도한 것이다.

스의 사상이 널리 퍼졌더라면 유럽의 종교사는 확실히 더
나은 방향으로 바뀌었을 것이다.

8. 몇 가지 대비되는 점

불교와 기독교 사이에 다른 점이 없다고 가정하는 것은 정직하지 않다. 그래서 다음 이야기를 하기 전에 다시 한 번 상이점을 생각해 보아야겠다. 상이점을 생각하다 보면 곧바로 '차원'의 문제에 직면하게 된다. 분명히 그 차이는 '근본주의자'의 차원에서 가장 극대화되는데, 이 차원에서는 불교가 우월하다고 주장할 수 있을 것이다. 오늘날 원전, 즉 성서를 문자 그대로 해석해서 그것을 근거로 기독교의 근본주의적 견해를 견지하는 것은 실로 어렵다. 반면에 불교에서 근본주의적 견해를 견지하면 상좌부불교를 수용하는 데 따르는 어려움은 훨씬 덜하다. 빠알리*Pāli* 경전은 방대하지만 놀랄 만큼 자기모순 없이 일관된다. 따라서 모든 종교적 사상을 거부하는 데 익숙해져버린 사람이 아니라면 현대 서구식 교육을 받은 사람은 빠알리 경이 많이 낯설긴 해도 대부분 받아들일 수 있다.

불교와 기독교의 창시자들의 상이점을 그 각각의 추종

자들의 관점에서 간단히 살펴보도록 하자. 어떤 의미에서
붓다와 예수는 모두 인간이었고, 그것도 완벽한 인간이었
다. 그리고 동시에 인간 이상의 존재였다. 이분들은 유일
무이한 존재였는데, 예수는 그리스도로서 절대적으로 유
일한 인물이었고, 붓다는 여러 붓다들[諸佛]이 엄청난 시간
간격을 두고서만 출현한다는 점에서 상대적으로 유일했다.
그러므로 고따마 붓다는 이 겁劫27의 유일한 붓다이다. 그
런데 이 두 분은 이를테면 상반되는 방향으로부터 특별한
상태에 다다랐던 것이다. 그리스도는 사람으로 태어나기
위해 하늘에서 내려온 신이나 신의 모습을 한 존재였고,
붓다는 수없이 많은 인간 생을 살아오다 그 정점으로서 이
번 생에 지고의 상태에 도달했다. 붓다는 비할 데 없는 노
력을 기울여 인간을 확고히 넘어섰고, 어떠한 '상대적' 초
인간의 경지도 넘어선[無上士], 신과 인간의 스승[天人師]이
되었다. 요즘 말로, 이 두 분은 각각 예수는 '신神-인간',
붓다는 '법Dhamma-인간'이라는 초월자로서 다른 두 본보

---

27 [역주] 겁劫: 원문에는 this age 라고 표현되어 있다. 겁劫은 우주
   의 시간을 재는 거시 단위로, 본문에서는 현존 인류의 전 역사를 의
   미하는 것으로 보고 '겁'이라 옮긴다.

기를 대표한다.

> 예수는 '나와 나의 아버지는 하나이니라.'(〈요한복음〉 10장
> 30절)라고 하였다.

> 붓다는 '나를 보는 자는 법을 본다.'(《상응부》 22:87)[28]고
> 선언하였다.

이 두 분은 각기 따라야 할 '길'을 가르쳤다. 그리고 어떤 의미에서 그들 자신이 바로 그 '길'이었다. 이 두 분 다 우리가 따라야 할 본보기이다. 지금까지 쓰인 기독교인의 헌신에 관한 가장 영향력 있는 책 중 하나로 토마스 아 켐피스[29]가 저술한 《준주성범遵主聖範 The Imitation of Chris》[30]이 있다. 그런데 그 두 길 사이에는 여전히 상이점이

---

28 〔역주〕〈왁깔리 경 Vakkalisutta〉《상응부》 22:87
"Yo kho, Vakkali, dhammaṃ passati so maṃ passati; yo maṃ
    passati so dhammaṃ passati."
"왁깔리여, 법을 보는 이는 나를 본다. 나를 보는 이는 법을 본다."
29 〔역주〕토마스 에이 켐피스Thomas á Kempis (1380년~1471
    년): 독일 가톨릭 신학자, 수도자, 종교사상가. 저서: 《준주성범
    Imitatio Christi》.

있다. 붓다는 우리가 따라야 할 본보기이자 스승이다. 그리스도 역시 그러하다. 여기서 가장 주목할 만한 것은 예수는 십자가에서의 죽음으로 인류가 구원받기 위해 제물로 받쳐진 희생물이라는 점이다. 이 희생을 가톨릭에서는 성찬식의 성체 성사聖事로 되풀이하고 있고, 개신교도들은 성찬으로 기념하고 있다.

기독교적 시각으로는 인간은 결코 신이 될 수 없다. 피조물은 창조주와는 영원히 별개의 존재다. 상좌부불교는 물론 대승불교에서도 인간은 생각하기 힘든 보살도를 닦아 붓다가 될 수 있다. 기독교에서는 실제로 이에 견줄 수 있는 것은 제시하지 않고 있다. 두 종교는 원시 다신숭배적 배경에서 성장했지만 서로 다른 방식으로 그것을 초월했다. 불교는 이전 시대의 만신萬神들을 공식적으로 부정하지는 않았지만 격하시켰다. 기독교가 일어나기 전에 유대교는 이미 오래전부터 한때 부족의 신이었던 존재를 천

---

30 〔역주〕《준주성범遵主聖範*The Imitation of Christ*》은 그리스도를 본받기 위해 수도자와 기독교인이 지켜야 할 가장 중요한 규범들을 제시함.

국과 지상의 창조주라는 지위로 격상시켰고, 기독교는 메시아라는 유대교의 개념을 신성의 일면으로 구체화하였다.

불교는 그 정점에 유일신이라는 개념이 없다는 점에서 기독교와 다르다. 그렇듯이 인간 차원에서 영혼이라는 개념이 없다는 점에서도 불교는 기독교와 다르다. 지금 이 글에서 불교에서 말하는 무아無我의 복잡한 내용을 논의할 수는 없지만, 기독교는 인간 영혼의 중요성을 강조하는 한편, 불교는 우리 '자신'을 포함한 모든 것은 실체가 없다고 한다는 점에서 뚜렷하게 대비된다. 여기에서 불교와 기독교의 차이점이 모두 드러난 것은 아니지만, 그렇다고 전혀 차이가 없는 척하는 것도 잘못임을 다음 장에서 보여 줄 것이다.

유일신을 믿는 종교냐 아니냐에 따라 또 다른 결과가 초래된다. 따라서 선과 악이라는 문제와 정의의 원칙에 대한 태도가 서로 달라진다. 중세 신학자들은 선善이 절대적인 원리이기 때문에 어떤 것이 선한 것인지, 아니면 그저 하나님이 어떤 것들이 선하다고 결정했기 때문에 그것들이 선한 것인지를 놓고 논쟁하는 데 시간을 보내기까지 했다.

또한 천국과 지옥에 관한 전통적 기독교의 여러 개념들이 사실상 붕괴되면서 현대의 기독교도들은 사후 세계에 대해서 그리고 자신의 행위에 따르는 상벌에 대해서 어떤 믿음을 견지해야 할지 거의 모르게 된 딜레마에 빠져 있다. 이런 점들에 대해 더욱더 애매해지고, 또 과학적 세계관이 점점 더 물질주의적 경향을 띠게 되고, 현실적으로 물질주의가 확실하게 성공을 거둠에 따라 실제로 신앙심은 현저하게 쇠퇴하였다. 이런 현상에 대한 반작용이 시작된 것처럼 보이기는 하지만 오늘날 신앙심의 쇠퇴는 매우 뚜렷하다.

9. 연결점

   불교와 기독교 두 종교 사이에 실재하는 연결점을 논의하기에 앞서 차이점부터 강조한 것은 그럴 필요가 있었기 때문이다. 이 두 종교는 다양한 수준에서 구분해 볼 필요가 있다. 외관상으로는 비슷한 점이 놀라울 정도로 많다. 독신을 지키는 삭발한 비구승과 성직자나 흔히 인도에서 하듯이 두 손을 합장하는 모습이 비슷하다. 합장의 의미는 혼동할 수 있지만 불교에서는 경배와 인사를 의미하고, 기독교에서는 기도를 의미한다. 그리고 향, 성유, 성수를 사용하는 것, 염주나 묵주, 불교와 기독교에서 성인의 아우라를 나타내는 광배나 후광 등은 명백하게 비슷하다. 그리고 불교와 힌두교에서 모두 볼 수 있는 것 즉, 성스러운 강물에 몸을 담가 자신의 죄를 씻어내는 힌두 의식과 세례 요한이 행하는 침례가 놀라울 정도로 닮았다는 것 역시 눈여겨볼 수 있을 것이다. 이런 유사점들 중 일부는 우연히 그렇게 된 것이기도 하고 문화의 이동 과정 때문일 수 있지만 어느 정도 더 깊은 관련성을 시사하는 것일 수도 있다.

불교와 기독교라는 두 종교 제도의 개념과 용어를 비교해 보면 어쩔 수 없이 많은 어려움에 직면하게 된다. 외관상 유사점과 차이점 모두가 오해의 소지를 만들 수 있다. 또한 언어의 문제도 있다. 원전을 읽을 수 없는 사람은 번역자에 의해 좌지우지되는데 번역자의 역량은 다양할 수밖에 없기 때문이다. 《법구경》의 30여 가지 영역본 중 두세 개만 비교해 보아도 그 어려움이 생생하게 드러난다. 그 모두가 동일한 원전의 번역본이라는 것을 알아차리지 못한다고 해도 이상하지 않을 정도이다. 이런 기본적인 허점을 피할 수 있게 될 때에만 우리는 진정한 비교를 시도해 볼 수 있을 것이다.

불교와 기독교에서 각각 창시자에 대한 생각이 서로 어떻게 다른지 살펴보았다. 차이점 가운데는 붓다가 가르침을 주는 분이지 구세주가 아니라는 사실도 있다. 그런데 전적으로 그런 것은 아니어서 특히 대승불교에서는 구원자의 형태와 비슷한 것을 찾아볼 수 있다. 바로 보살이다. 물론 그리스도라는 인물과 보살의 모습이 전적으로 동일하다고 말하면 무리가 따르겠지만 상당히 유사한 것은 사실이다. 루터 교회가 그리스도의 구원의 힘을 필히 믿어야 한다고 강조하는 것은 불교 정토종에서 화신化身³¹이나 궁극의 진리를 대표하는 것으로 여겨지는 아미타불³²을 필히 믿어야 한다고 강조하는 것과 매우 유사하다. 그렇지만 여기에서 아주 조심할 필요가 있는데 기독교의 성삼위聖三位 일체와 대승불교의 삼신三身을 등가로 놓으려는 시도는 지나치다. 비록 '붓다-원리〔法身〕'가 인간으로 현신顯身한 니르마아나까아야〔化身〕와 인간 그리스도 사이에 일부 유사한 점이 있기는 하지만.

기독교와 불교가 가장 근본적으로 다른 점은 필시 '하나님'과 '영혼'이라는 한 쌍의 문제와 관련이 있다고 하겠다. 그리고 이 점에서 불교와 기독교가 전혀 화해할 수 없다는 것은 틀림없는 사실이다. 그럼에도 불구하고 그 차이는 어

---

31 〔역주〕 화신化身 *nirmāna-kāya*: 대승불교에서 부처의 3가지 몸 또는 3가지 존재 방식을 가리키는 개념인 삼신*Trikāya*의 하나. 삼신은 일반적으로 법신法身*dhamma-kāya* · 보신報身*sambhoga-kāya* · 화신化身*nirmāna-kāya*을 말한다. 화신은 응신應身이라고도 하며 중생의 교화를 위해 세간世間에 태어난 역사적인 부처를 말한다. 중생을 교화하기 위하여 지상에 나타나는 몸이다. 삼신의 개념은 역사상의 부처인 석가모니에게만이 아니라 아미타불 등 다른 모든 부처에도 적용되는 개념이다.

32 〔역주〕 대표적인 법신불은 비로자나불로 알려져 있다.

느 정도 적절하게 '상대화' 할 수 있다. 하나님이라는 개념
에 관해서는 '불생불멸'에 관한 《감흥어》의 말씀과 관련해
서 앞의 1장 문제 제기 부분에서 이 점을 이미 언급한 바
있다. 또 오늘날 일부 기독교도들이 생각할 때 불생불멸不
生不滅에 대해서 보다 신에 대해서 별로 더 많이 언급되는
것도 아니라는 점을 덧붙여둘 필요가 있겠다.

　그런 주제들을 논의할 때, 특히 '영혼'이라는 개념에 관
해 논의할 때에는 진리 차원에서 아주 중요한 문제가 무
엇인지 유념해야 한다. 불교에서는 '궁극의 진리〔眞諦
paramattha sacca〕'와 '관습적 진리〔俗諦 sammuti sacca〕'를
분명히 구분하고 있다. 따라서 궁극의 진리에 따르면 무아
無我의 원리는 영속적인 '영혼' 또는 '자아'의 실체를 분명히
부정한다. 그렇지만 관습적 진리의 관점에서는 영혼이나
자아가 존재한다. 사실상 불자에게 기독교 용어를 사용하
자면 '구원'은 정확하게 이 궁극적 진리를 깨닫는 데 있고
그렇게 함으로써 상대적 진리를 뛰어넘을 수 있다. 일부
기독교 신비주의자들은 이런 생각에 가깝게 접근해 있는
데, 에크하르트는 '모든 생명체는 순수한 무無이다.'라고
주장했다. 하나님만이 피조물에게 생명을 주었다는 뜻으로

한 말로서, 물론 이것은 불교의 개념과 동일하지 않다.

사실 불교도이든 기독교도이든 다른 어떤 경우이든 간에 '깨닫지 못한' 평범한 사람은 일상의 삶에서 '관습적 진리'의 견해를 지극히 중요하게 여기며 살아간다. 불교에서 깨달은 존재인 아라한의 한 가지 특성은 괴롭든 즐겁든 지나간 업業의 응보를 여전히 받기는 하지만 새로운 업을 짓지는 않는다는 것이다. 그러므로 자신의 생각이 '관습적 진리'에 의해 좌우되는 이들만이 업을 짓는다. 그런 존재를 '자신의 업의 소유자이고 업의 상속자'라고 한다. 이 때문에 윤리 영역을 살펴보게 된다. 그리고 도덕적 행동을 해야 하는 이유가 서로 다르기는 하지만 불교, 유대교, 기독교의 계율 사이에 크게 닮은 점을 발견하게 된다. 사람답게 행동한다는 의미에서 종교가 '훌륭한 삶을 사는 것'이라고 생각하는 사람에게는 불교, 기독교, 유대교, 심지어는 인본주의 가운데 어느 것을 선택하든 별반 다를 것이 없다. 그러나 뭔가 그 이상의 것도 분명히 있다.

기독교도와 유대교도는 도덕적 행동에 반대되는 말을 영어로 '죄sin'라고 하고, 불교도는 '아꾸살라 깜마akusala

kamma〔不善業〕'33라고 한다. 유대-기독교 관점에서 죄인은
신에 의해 벌을 받을 것이고, 불교에서는 자신의 불선업인
건전하지 못한 행위 그 자체가 응보를 초래할 거라고 생각
한다. 물론 유대교나 기독교에서 죄는 무엇보다도 하나님
에게 범한 잘못을 뜻한다. 그렇지만 히브리어와 그리스 어
원을 살펴보면 죄라는 말은 글자 그대로 '과녁을 빗나감'34
이라는 뜻인데 이렇게 보면 결국 불교도의 생각과 그리 멀
지 않다. 유대교도와 기독교도를 위한 기본적인 도덕규범
은 십계명35에 나타나 있으며 그 내용은 모두 하나님이 만
든 금지 규정이다. 일반 불자에게는 오계五戒가 있는데, 이
는 금지 규정은 아니지만 멀리해야 할 사항들로서, 1. 살

---

33 〔역주〕아꾸살라 깜마*akusala kamma*: 불선업. 영어권에서는 불
　건전한 행위unwholesome action, 능숙하지 못한 행위unskilled
　actioon라고 한다.
34 〔역주〕과녁을 빗나감: 히브리어 하타hhatah, 그리스어 하마르티
　아hamartia. 'to miss the mark.'
35 〔역주〕기독교의 십계명:
　1. 하나님이외의 다른 신을 섬기지 말라. 2. 우상을 섬기지 말라.
　3. 하나님의 이름을 헛되이 부르지 말라. 4. 안식일을 거룩히 지키
　라. 5. 부모를 공경하라. 6. 살인하지 말라. 7. 간음하지 말라. 8. 도
　둑질 하지 말라. 9. 거짓 증거 하지 말라 10. 네 이웃의 집(아내나
　재물)을 탐하지 말라.

생 멀리하기 2. 도둑질 멀리하기 3. 간음 멀리하기 4. 그 릇된 말 멀리하기 5. 취하게 하는 것 멀리하기이다. 앞의 네 가지는 십계명의 몇 조항과 거의 일치한다. 다섯 번째 는 이슬람에서도 똑같이 금지하고 있다. 그렇지만 유대-기 독교 규범에서는 음주를 호의적으로 보지는 않아도 금하 고 있지는 않다. 이 모든 계율이나 계명에 대한 세부적인 해석상의 문제는 다를 수 있겠지만, 사람다운 삶을 사는 데는 그와 같은 규범이 절대적으로 필요하다는 것은 모두 동의할 것이다. 그렇지만 절대적인 도덕적 표준 같은 건 없다는 생각에는 불교도든 기독교도든 실제로 대부분의 사람들이 분명히 반대할 것이다. 혹여 선불교禪佛敎가 도덕 성을 부인한다고 보는 견해는 전적으로 오해에서 비롯되 었다.

사도 바울은 '이제 믿음, 소망, 사랑, 이 세 가지가 남는 다. 하지만 이 셋 중에서도 사랑이 으뜸이니'[36]라고 하였다. 그리고 다른 글에서는 '하나님은 사랑이시니'[37]라고 하였

36 〈고린도전서〉 13장 13절
37 〈요한일서〉 4장 16절

다. 여기서 사용된 사랑이란 단어에 대한 그리스어는 아가
페agape로 그 의미는 감각적 내지 다른 정서적 집착이 붙
지 않은 본질적으로 순수한 사랑을 의미하는 빠알리어의
메따metta에 가깝다. '사랑'이라는 단어가 모호하다는 점과
'전쟁 말고 사랑을 하라'는 식의 슬로건이 불교와 기독교의
가르침을 곡해한 것이라는 점을 불자나 기독교인이 모두
다 잘 알고 있음은 굳이 지적할 필요가 없을 것이다. '신은
사랑이다'라는 말만 두고 보자면 신을 사랑이라는 추상적
특성과 동일시함으로써 비인격화한 것 같지만, 문맥을 살
펴보건대 그런 의도가 아니라는 것을 알 수 있다. 불교의
메따는 사범주처四梵住處[38]의 첫 번째인데, 그것을 닦으면
범천세계에 다시 태어나게 된다는 점은 눈여겨 볼만한 흥
미로운 대목이다.

---

[38] 〔역주〕 사범주처: 냐나뽀니까 지음, 보리수잎·다섯, 《거룩– 마음
가짐 – 사무량심》, 〈고요한소리〉, 참조.

10. 맺는말

오늘날 세계에서 종교가 처해 있는 위치는 특이하다. 어떤 지역에서는 박해와 탄압을 받고 있고, 다른 지역에서는 예상과 달리 종교가 사라지기는커녕 오히려 생명력과 끈기를 과시하고 있어서 종교 비판가들이 놀라고 당황하고 있다. 사태가 이렇게 된 데에는 민족주의와 같은 외부 요인들이 일부 작용했다고 할 수 있다. 그렇지만 최근에 넓은 의미에서 '종교'라고 할 수 있는 것이 실로 다양한 형태로 되살아나고 있는 것은 더 이상 의심의 여지가 없다. 그 모습은 근본주의 기독교에서부터 민족주의 색채를 띤 기독교, 이슬람교 그리고 불교까지도 포함된 다양한 형태를 거쳐서 오컬티즘,39 그리고 이젠 다행히도 정점을 넘긴 히피 세계와 마약 집단 같은 하부 문화로도 나타난다. 이 모

---

39 〔역주〕 오컬티즘occultism: 자연 또는 인간의 숨어 있는 힘이나 현상을 연구하는 비학秘學의 총칭 및 그것을 실용화하려는 태도. 주로 마술·점성술·연금술·점복술·신지학神智學·강신술降神術·심령술 등이 포함된다. 《두산백과》, 참조.

든 모습들이 다 바람직한 것만은 아니며, 그중 일부는 분명히 위험하기까지 하다. 하지만 그 모두가 '공산주의자'나 '자본주의자'의 탈을 쓰고 나와, 의기양양하게 굴고 있는 물질주의적 가치에 대한 환멸과 불만을 가리키고 있는 것은 확실하다. 사실 물질만능주의적인 관점이 낳은 겉만 그럴싸한 가치들과 전반적인 정신적 영적 궁핍에 대한 불만은 단순한 감정적 반발 차원을 넘어선다. 사람들이 갖는 이러한 불만이 훨씬 더 깊어지고 있다는 사실은 문제가 아닐 수 없다.

최근에 이르기까지 대부분의 과학적 사유를 지배하고 있는 물질주의적 세계관으로는 이 세계를 설명하기에 부적절하다는 것이 논증되고 있고, 이점을 확인하게 된 과학자의 숫자는 날로 늘어나고 있다. 초감각적 지각(ESP) 현상들에 관한 연구가 때로는 그릇된 동기 때문일지라도 점점 더 진지하게 다루어지고 있고, 또한 이제는 죽었다가 살아남, 심지어는 일종의 환생이나 재생의 실질적 증거가 매우 강력해지고 있다. 이를 완강히 외면하는 자세를 견지해온 사람들마저도 어쩔 수 없이 점차 인정할 수밖에 없게 되고 있다. 심지어 점성술 같은 것에 대해서도 어제까지만

해도 완전히 무시하는 것이 일반적이었는데 이제는 완전
히 무시할 수 없다는 반응을 보이고 있다. 솔직히 이 모든
것은 분명히 좀 더 낮은 부류의 '종교'에만 해당한다. 이런
종교의 중요한 역할은 물질만능주의라는 성채를 깨뜨리고
그 결과 상당히 많은 사람들에게 있어서 더 높은 무언가를
믿는 데 방해가 되던 심각한 장애물을 제거해 준 것이다.
노골적으로 말하면 많은 지식인들이 결국 다윈, 마르크스,
그리고 프로이트가 모든 해답을 알고 있지 않았다는 사실
을 이제는 공개적으로 인정할 수 있게 되었다. 어떤 사람
들에게는 이건 새롭게 활기를 불어넣어 주는 경험이면서
어쩌면 오히려 두려운 경험일 것이다. 그리고 어쩔 수 없
이 이런 의문이 생긴다. 이제 어떻게 해야 하는 거지?

 정작 이 신지식이 실제로 수행하고 있는 일은 다음 가정
이 틀렸음을 단호하게 입증하는 것이다. 즉 물질주의적 과
학이 기초로 삼고 있지만 실현 가능성은 없을 것 같은 가
정, 다시 말해 운이 좋아 모든 것이 잘 풀리기만 한다면 무
생물이 순전히 스스로의 힘으로 자신을 가르쳐서 사유 능
력을 갖도록 만들 수 있으리라는 가정이 틀렸음을 입증하
는 것이다. 이제 우리는 그런 증거나 증거에 준하는 것을

가지고 있다. 그것은 소위 '마음'이라는 것이 자동적으로 작동한다는 사실이다. 그런데 마음과 물질이라고 부르는 이 한 쌍 중에 어느 하나가 종속되어 있거나 환상에 불과하다면 그것은 물질이지 마음이 아니라는 점이다. 여기까지는 순조롭다. 염려되는 일은 마음에 대한 이러한 인식으로 인해 과학이 질서정연하게 체계화한 우주, 코스모스에 어두운 질서, 카오스를 단번에 가져올지 모른다는 점이다. 물질주의가 과학적 사고방식에 끌리는 이유는 그것이 깔끔하고 질서 있고 궁극적으로는 유한한 시스템을 만들어냈기 때문이었다. 실제로 어느 정도는 여전히 그렇다. 물질주의적 시스템은 계속해서 논리적 명백성을 유지했어야 했다. 그런데 '마음'을 어떻게 정의하든 물질주의적 시스템을 파악할 수 있는 그 마음이란 오롯이 그 시스템에서 벗어나 있다는 사실이다. 이것이 물질주의적 시스템과의 차이점이다. 개는 돌을 인식할 수 있어도 돌이 돌을 인식할 수는 없다. 그리고 사람은 돌을 인식할 수 있을 뿐만 아니라 적어도 어느 정도는 돌을 '이해'할 수 있다.

마음에 대한 이런 인식이 일견 거의 총체적인 무질서를 초래하는 것 같다. 어떤 일이든 다 벌어질 수 있는 꿈속의 세상과 같다. 그 세상에서는 과거에 미신이라고 여겼던 것이 사실인 것으로 쉽게 드러날 수 있고, 그래서 사실 같은 것과 사실 같지 않은 것의 구분 기준도 불분명해져 버리는 그런 세상 말이다. 예를 들어, 일단 숟가락 구부리기[40]를 받아들이게 되면, 그건 마음이 구부렸다는 사실을 받아들이는 것이다. 이런 무질서가 지배하는 세상에서는 오히려 물질주의의 차갑고 황량한 질서정연함으로 도로 후퇴하고 싶은 마음이 강해질 수 있고, 또 전에는 그렇게 참을 수 없어 보였던 것이 오히려 더 편하게 느껴질 수 있다. 만약 우리가 이런 유혹에 저항하려면 과학으로 설명할 수 없는 것, 소위 '초자연적'이라고 불러왔던 것과 타협할 필요가 있음을 알게 될 것이다. 그렇다고 해서 초자연에 사로잡혀도 된다는 의미는 아니다. 일부 현대 기독교인들은 '과학에 눈이 멀어' 되돌아가는 방법도 확실히 모르면서 전통적 신조들을 너무 많이 팽개쳐 버렸다는 것만은 깨닫고 있을 것이다.

이제 '세 가지 세상[三界]'[41]에 대한 전통 불교도의 견해

---

40 〔역주〕유리겔라의 숟가락 구부리기를 가리키는 것으로 보임.

가 도움이 될 것이다. 통상 말하기를 인간이란 존재는 감
각적 욕망의 세상[欲界 *kāmaloka*]에 속한다. 욕계에서 우
리가 볼 수 있는 전형적 존재는 인간과 동물이다. 하지만
또 다른 존재들도 있다. 여러 갈래의 악도惡途에서 사는 존
재들과 좀 나은 세상[六欲天]을 사는 존재들이다. 어떤 존
재는 해를 끼치고, 어떤 존재는 이롭지도 해롭지도 않고,
어떤 존재는 자애롭다. 그렇지만 모든 존재는 정도의 차이
는 있어도 무지하며, 각자의 업보를 좇아 이들 다양한 상
태에 들기도 하고 벗어나기도 한다. 또 분명히 더 행복한
다른 존재도 있는데, 업의 조건이라는 근본적 동일 조건에
따라 색계色界 *rūpaloka*, 무색계無色界 *arūpaloka*에 존재한
다. 이 세계 존재들의 식識은 인간세에서 성취한 선정禪定
상태에서의 식識과 관련이 있다. 이런 존재를 천신*deva*이
라고 하는데, 이 천신들 중에 가장 높은 신은[42] 다신교의
신들과 비슷하다. 이들은 수명이 길지만 영원하지는 않고,
또한 지혜로울 수는 있지만 깨달은 존재는 아니다. 이 모

---

41 [역주] 삼계三界: 욕계欲界, 색계色界, 무색계無色界.
42 [역주] 색계나 무색계에 거주하는 신들을 천중天衆이라 하는데 그
   중 지도자 위치에 있는 신, 예를 들어 범천계의 대범천, 33천의 제석
   천.

든 세계 너머에는 초월적인 영역〔出世間 *lokuttara*〕, '저편 언덕에 안전하게 도달한 상태〔到彼岸〕', 즉 '불생불멸'이 있다. 이건 도저히 상상할 수 없는 경지이지만 이생에서 실현될 가능성이 없는 것은 아니다.

　지금까지 간략하게 살펴본 것을 전통 기독교와 비교해보면 그 차이는 생각했던 것보다 그리 크지 않다. 한 가지 차이점은 기독교적 견해로는 다른 세계에 사는 눈에 보이지 않는 다양한 불가시不可視 존재는 고통스럽거나 행복한 상태로 바로 그곳에 영원히 '고착'되어 산다는 것이다. 물론 그 더 높은 세상에 사는 보이지 않는 불가시 존재는 '성자' 또는 '천사'라고 불리지, '신神'이라고는 부르지 않는다. 다만 진지한 불자라면 이 체계가 완전히 경직되어 있다는 점에 대해서만은 이의를 제기할 것이다. 그건 마치 한 장의 '스틸 사진' 속에 끊임없이 변화하며 흐르는 영상을 담아내려고 애쓰는 것과 같다. 또 다른 주요 차이점은 기독교에선 '초월적' 영역에는 세상의 창조주인 인격신이 자리잡고 있다는 것이다. 하지만 요즘 우리의 경험적 지식에 근거해서, 불자가 말하는 '사람 사는' 우주와 비슷한 무언가가 나타나기 시작할 거라고 말할 수 있다. 그것을 탐구

하는 것이 미래의 과학자와 과학철학자들이 해야 할 일로
서 지금까지 시도해 본 사람이 별로 없는 도전적 과제가
될 것이다.

　지금부터 논해 보고자 하는 불생불멸의 영역은 '과학'이
끼어들 영역은 아니고, '종교'의 영역이 분명하다. 이 영역
을 다루려면 지금부터 기독교와 불교를 포함하는 '더 높은'
종교들과, 편의상 '더 낮은' 종교라고 이름 붙일 수 있는 것
들을 구분해 살펴보는 것이 좋을 것 같다. 종교에서는 실
제로 '삼계'의 불가시적 존재들, 경우에 따라선 그중에서도
가장 높은 존재와도 모종의 순수 접촉은 가능할지 모르지
만 거기엔 초월의 경지로 뚫고 나갈 돌파구가 없다.[43] 철
저하게 '순수한' 경우에 한해 그러한 믿음에 '이교주의'[44]라
는 전통적인 용어를 적용하는 것이 적절할 수 있을 것이
다. 그런 의미에서 '구약'은 유대교가 낮은 종교에서 더 높

---

43 〔역주〕 구극의 해탈 열반은 인간계에서만 실천해 낼 수 있지 천상
　계에선 안 된다.
44 〔역주〕 이교주의異敎主義 paganism: 기독교적 입장에서 성경이
　가르치는 하나님 이외의 다른 신관이나 가치관을 나타내는 말.

은 종교로 발전한 기록으로서 읽힐 수 있을 것이다. 그리고 고대 그리스에서도 '불생불멸에 대해 순수한 직관'을 가지고 있던 플라톤과 같은 철학자의 출현을 바로 이 '돌파구'로서의 행위로 파악할 수 있다. 그런데 이 두 흐름 모두가 기독교가 성장하는 데 기여하게 된 것은 우연일까?

'불생불멸'은 정의할 수도 없고, 상상할 수도 없고, 어떤 추론 과정을 통해서 이를 수도 없다. 그렇다고 해도 불생불멸은 실현될 수 있다. 완전한 실현이 멀다 해도 희미하게나마 어느 정도 직관이 가능하다. 그럴 때 불생불멸은 변화무쌍한 이 세상에서 궁극의 귀의처로 느껴진다. 기독교도는 그것을 '신'이라 부르며 사랑이 충만한 아버지가 가지고 있을 법한 모든 속성들을 거기에 부여한다. 불자에게 이런 견해는 맞지 않는다. '궁극의 경지'는 '무상無相'이기 때문이다. 이로 인해 책으로 공부한 일부 유식한 불교학자들은 궁극의 경지에 관해 '완전히 이해할 수 있는' 것이 아무 것도 없다는 사실을 알고는, 터무니없게도 열반을 완전한 소멸과 동일시하게 되었다. 이때 완전한 소멸은 물질주의자들이 상정한 것과 다를 바 없고, 아라한이 죽음에 이를 때까지 유예될 뿐이라고 생각한다. 그런 사람들은 좀 더 현명해져야 한다. 그런데 기독교인들 역시 자신들이 신을 상상하려고 애써서는 안 된다는 점을 알고 있다. 루마니아의 한 성직자가 정교회의 '예수기도'[45]에 대해 이야기하면서 로날드 에어에게 다음과 같이 말한 바 있다. "기도를 시작할 때의 제일 법칙은 어떤 것을 '원하거나' 상상하는 것이 아니다. 왜냐하면 신 그 자체는 상상력에 좌우되는 것이 아니기 때문이다. 환상은 우리가 신과 합일하는데 장애물이다."[46]

진정한 종교란 사람들에게 '아편'이 아니고 오히려 그 반대로 '각성제!'이다. 종교는 일종의 얄팍한 현실 도피도 아니다. 그것은 끊임없는 변화의 세계, 즉 윤회를 벗어나 진정한 불변의 '영원'이 아니라 '무시간'의 '불생불멸'이라는 귀의처를 향해 가는 길이다. 불생불멸의 귀의처로 향해 가는 것은 위험을 무릅쓰고 추구하는 인간의 본능적인 욕구에 해당한다. 세상에는 대안 종교도 많고, 대부분의 사람

---

45 〔역주〕 동방 그리스도교에서 마음으로 예수 그리스도의 이름을 부르는 기도.

46 로널드 에어Ronald Eyre, 《길고 긴 구도를 향한 로널드 에어 *Ronald Eyre on The Long Search*》, Collins, 1979, 162쪽.

들이 알고 있는 것보다 더 행복한 삶을 살게 해 줄 수는 있지만 진정한 목표를 이루게 하지는 못하는 '덜 성숙한 종교'도 있다. 예를 들어, 고따마 자신이 그 자신의 '위대한 구도'47 과정에서 스스로 찾아 시도했던 수행도 덜 성숙한 방식이었다. 이 방식 중 일부가 오늘날 '명상 학교' 등의 형태로 활용될 수 있다. 아마도 그런 식으로 도달할 수 있는 수준은 매우 다양할 텐데, 그런 방법으로 과연 그의 스승인 알라라 깔라마와 웃따까 라마뿟따가 도달한 단계48가 최고의 경지인지 고따마는 당연히 의심하게 된다. 예술이 때로는 진정한 목표로 인도해 줄 수 있거나 적어도 진정한 목표를 지향하는 순진한 '길'로서의 기능도 할 수 있지만 대안 종교도 될 수 있으며 일부 사람들에게는 쉽게 얻을 수 있는 유일한 대안 종교가 되기도 한다. 위대한 예술이란 '불생불멸'에 대한 진정한 직관에서 오는 무의식의 통로로 부터 생명력을 얻는다. '더 높은 세계들'과 관련된 것에서 영감을 받는 예술 형식은 매우 드물 것이다. 그런 식으

---

47 〔역주〕《중부》 26경 〈성구경〉 참조.
48 〔역주〕알라라 깔라마는 무소유처, 웃따까 라마뿟따는 비상비비상처에 이르렀다고 한다.

로 쭉 내려가면 영감靈感의 근원이 정녕 무엇인지 알 수 없
는 그런 지점에까지 이르게 된다. 이런 사실을 분명히 인
식한다면 예술의 본질에 대해서 혼란스러움이 줄어들 것
이다. 이 주제를 제대로 논의하려면 별개의 연구가 필요하
겠다.

이 글은 논쟁을 할 생각으로 쓴 게 아니고 기독교 교파
를 초월한 에큐메니즘적49 보편 정신으로 쓴 것이다. 이것
은 결코 기독교 비판이 아니다. 교파들 사이에, 심지어 신
교와 구교 사이에 이르기까지 확산되고 있는 에큐메니즘
의 새로운 정신은 신앙심의 전반적 쇠퇴로 인해 나타난 방
어적 조치에 지나지 않는다는 피상적 견해가 오늘날 널리
퍼져 있다. 이런 견해는 초기와는 달리 그 타당성을 잃어
가고 있다. 이 새로운 자세는 논쟁을 하겠다는 마음가짐을
부끄럽게 여기는 독실한 신앙심이 깊어지고 있기 때문에
생긴 것이라고 보는 것이 이치에 더 맞다. 그 신앙심이 때

----

49 〔역주〕에큐메니즘ecumenism: 기독교의 교파와 교회를 초월하
여 하나로 통합하려는 세계교회주의 및 그 운동.

로는 모호하게 보인다고 할지라도. 물론 오늘날 종교는 내부로부터 보다는 외부로부터 훨씬 더 큰 위협을 받고 있다. 내부로부터는 아주 명백한 쇄신의 조짐이 보인다. 앞에서 본 바와 같이 사실상 겉으로는 너무나 기세당당한 물질주의적 가치 자체가 내적으로는 끊임없이 흔들리고 있다. 말 그대로 오로지 종교적 가치의 재천명을 통해서, 그리고 부분적으로 형식을 새롭게 바꿔봄으로써 정신적인 재앙은 물론 육체적 재앙으로부터 인간이 구원받을 수 있을 것이다.

불교도, 기독교도, 그리고 그 외의 사람들이 세상을 설명하는 방식에는 더 이상 좁힐 수 없는 어느 정도의 차이가 분명히 있다. 현세 너머 설명할 수 없는 세상을 설명하는 방식에 있어서는 그 차이가 훨씬 클 것이다. 세상살이에서 우리가 어떻게 살고 행동해야 하는지에 대해서는 견해의 차이가 훨씬 작다. 순수하고 사욕이 없는 사랑의 정신, 그것은 기독교도, 불교도, 또는 다른 이름으로 불린다 하더라도 우리의 모든 문제에 대한 해결책이며, 닥쳐올 재앙이 어떤 모습이든 그에 대항하는 신뢰할 만한 유일한 처방이다. 따라서 인류 공통의 문제의 해법을 찾는 데 우리의 정신적 자산을 공유하는 것이 이치에 맞다. 그렇다고 어떤 형태든 공공연한 '정치적인' 행동을 요구하는 것이 아니다. 하지만 특정한 정치적 책무를 가진 사람들이 이 사랑의 정신으로 충분히 고취되어 있다면 크게 잘못되지는 않을 것이다.

   불교의 '무아無我 *anatta*' 교의는 일부 불자들도 이해하기 어렵다. 그러나 무아를 '이기심이 전혀 없음'이라는 윤리적 의미로 생각하면 그 교의를 실제 삶에 적용할 수 있을 것이다. 기독교 신비주의자들이나 그 밖의 사람들이 설교하는 진정한 '초연함'은 다른 사람들의 골치 아픈 문제와 비탄이나 실로 인간과 지구 위에서 삶을 공유하는 다양한 생명체의 문제와 불행에 대해 초연함을 의미하는 것이 아니다. 그것은 우리 자신의 세속적 욕구, 즉 감각적 욕망, 권력과 영향력에 대한 욕심, 과시욕과 분노, 미움에서 초연해짐을 의미한다. 초연함이란 그 자체로 사랑과 짝을 이루는 것이다. 사실상 무아無我의 인식이야말로 자신을 사랑하듯 이웃을 사랑하는 진정한 사랑이 온전히 드러날 수 있는 유일한 길이다.

참고 문헌에 덧붙여

'저자의 변'에서 언급한 성경 판본에 덧붙여 소개할만한 수많은 책 가운데 몇 권만 더 언급하고자 한다. 불교에 관한 책은 포함하지 않고 가능하면 가지고 다니기 편하고 가격이 싼 '펭귄 북'형의 문고판으로 신중하게 골라 보았다. 이 중 일부는 이미 절판되었을 수도 있다.

까두의 《예수의 생애*The life of Jesus*》(C. J. Cadoux, Penguin 1948)는 구해서 읽어 볼 수 있다면 유용할 것이다. 에르네스트 르낭의 《예수의 생애*The life of Jesus*》(Ernest Renan, Penguin 1863)는 널리 알려진 오래된 책으로 여전히 읽어볼 가치가 있다. 여기에 덧붙이자면, 4권으로 된 《복음서 주해*The Penguin Gospel commentaries*》[50]가 있는

---

50 〔역주〕네 권의 복음서 주해*The Pelican Gospel Commentaries*: 《요한복음*The Gospel of St. John*》John Marsh 저, 1968; 《마가복음*The Gospel of St. Mark*》D. E. Nineham 저, 1968; 《마태복음*The Gospel of St. Matthew*》J. C. Fenton 저, 1968; 《누가복음

데 이 중에서도 특히 존 마쉬가 쓴《요한복음*The Gospel of
St. John*》을 권한다. 또한 저명한 저자들이 집필한 로마가
톨릭, 정교회, 유대교에 관한 문고판도 있다. 이 외 관련
있는 책으로 허클럿츠의《성경이 우리에게 오기까지*How
the Bible Came to Us*》(H.G.G Herklots, Penguin)가 있다.

마이스터 에크하르트와 관련해서는 그의 독일어 설교문을
내가 번역한 것[51]이 있고 블레큰리R.B. Blaknry가 번역한 하
퍼출판사 문고판 선집[52]도 있다. 쿠사누스의 《지知 있는 무
지*Of Learned Ignorance*》는 수도사 헤론G. Heron(Routledge
1954)의 영역본이 있다. 대주교 파사발리(1820~97)에 관해
서는 헤드와 크랜스턴의《재육화 *Reincarnation: The Phoenix
Mystery*》(J. Head, S. L. Cranston. New York 1977) 179쪽을 참
조할 수 있다.

융이 종교 심리학에 기여한 바를 간과할 수 없는데, 로

The Gospel of St. Luke》 G. B. Caird 저, 1965.

[51] 〔역주〕《마이스터 에크하르트 설교와 논문*Meister Echhart
Sermons and Treatises*》 M. O'C. Walshe 1979

[52] 1941초판 발행. 현재도 출판되고 있음.

렌스 반 데르 포스트**53**가 쓴《융과 우리 시대 이야기*Jung and the story of our time*》(Penguin 1978)가 이에 관한 최고의 입문서가 될 수 있겠다.

현존하는 종교의 다양성에 관한 참신한 견해를 보여주는, 로널드 에어의《길고 긴 구도를 향한 로널드 에어 *Ronald Eyre on The Long Search*》(Collins 1979)를 권할 만하다. 이 책은 같은 제목의 TV시리즈**54**를 바탕으로 하였다. E. F. 슈마허의《당혹한 이들을 위한 안내서*A Guide for the perplexed*》(Fontana 1977)는 '과학'과 '종교' 간에 근본적으로 대립되는 몇 가지 견해에 대해 우려하는 이들에게 맞춤이다. 여기서 더 나아가 라이얼 왓슨의《초자연 *Supernature*》**55**이 있는데 이 책은 과학의 물질주의적 한계

---

53 〔역주〕로렌스 반 데르 포스트Laurens van der Post (1906~1996): 남아프리카공화국의 문학가.
54 〔역주〕1977년 연극 감독인 로널드 에어가 발표한 영국 BBC 다큐멘터리 TV시리즈이다. 모두 13편으로, 개신교, 정교회, 가톨릭을 포함한 여러 주요 세계 종교에 관한 내용을 담고 있다.
55 〔역주〕《자연 초자연의 수수께끼를 푸는 열쇠*Supernature: a natural history of the supernatural*》(라이얼 왓슨 지음, 박광순 옮김. 물병자리, 2001)이 우리말로 출간되어 있다.

를 넘어 과학의 지평을 확장시키려는 시도를 하고 있다. 왓슨의 이 책(1973)과 그다음 해(1974)에 출간된 《로미오 의 실수*The Romeo Error*》는 유용한 참고문헌을 싣고 있는 데, 둘 다 코로넷Coronet 문고판으로 나와 있다. 《로미오 의 실수*The Romeo Error*》와 같은 주제[56]로는 내가 쓴 《죽 음은 두려운 것인가*Buddhism and death*》(BPS, Wheel Publication No.261 1978)가 있다.

---

56 〔역주〕 원제는 《*The Romeo Error: A Matter of Life and Death*》. 이 책은 후에 《*The Biology of Death*》라는 제목으로 재출 간되었다. 이 책은 《영혼의 블랙홀: 죽음과 영혼의 문제》 (라이얼 왓 슨 지음, 박문재 옮김. 인간사, 1993)로 번역, 출간되어 있다.

저자 소개

엠 오 시 월슈 M. O'C. Walsh (1911~1998)

런던대학에서 독일어를 전공, 1951년부터 열성적인 불자였으며
영국 승가 재단의 부회장 역임. 그는 불교에 관한 많은 논문들
을 발표했으며 《장부》(Wisdom: London, 1987)를 영어로 완역
했다.

〈고요한소리〉에서 번역, 출간된 저작으로는 법륜 · 열하나 《죽음은
두려운 것인가》, 보리수잎 · 하나 《영원한 올챙이》, 보리수잎 · 스
물아홉 《이 시대의 중도》, 보리수잎 · 서른일곱 《왜 불교인가》 등
이 있다.

〈고요한소리〉는

• 붓다의 불교, 붓다 당신의 불교를 발굴, 궁구, 실천, 선양하는 것을 목적으로 설립되었습니다.

• 〈고요한소리〉 회주 활성스님의 법문을 '소리' 문고로 엮어 발행하고 있습니다.

• 1987년 창립 이래 스리랑카의 불자출판협회BPS에서 간행한 훌륭한 불서 및 논문들을 국내에 번역 소개하고 있습니다.

• 이 작은 책자는 근본불교를 중심으로 불교철학·심리학·수행법 등 실생활과 연관된 다양한 분야의 문제를 다루는 연간물連刊物입니다. 이 책들은 실천불교의 진수로서, 불법을 가깝게 하려는 분이나 좀 더 깊이 수행해보고자 하는 분에게 많은 도움이 될 것입니다.

• 이 책의 출판 비용은 뜻을 같이하는 회원들이 보내주시는 회비로 충당되며, 판매 비용은 전액 빠알리 경전의 역경과 그 준비 사업을 위한 기금으로 적립됩니다. 출판 비용과 기금 조성에 도움주신 회원님들께 감사드리며 〈고요한소리〉 모임에 새로이 동참하실 회원을 기다리고 있습니다.

• 〈고요한소리〉 책은 고요한소리 유튜브(https://www.youtube.com/c/고요한소리)와 리디북스RIDIBOOKS를 통해 들으실 수 있습니다.

- 〈고요한소리〉 회원으로 가입하시려면,
  이름, 전화번호, 우편물 받을 주소, e-mail 주소를 〈고요한소리〉 서울 사무실에 알려주십시오.
  (전화: 02-739-6328, 02-725-3408)
- 회원에게는 〈고요한소리〉에서 출간하는 도서를 보내드리고, 법회나 모임·행사 등 활동 소식을 전해드립니다.
- 회비, 후원금, 책값 등을 보내실 계좌는 아래와 같습니다.

국민은행 006-01-0689-346

우리은행 004-007718-01-001

농협　　　032-01-175056

우체국　　010579-01-002831

예금주　　(사)고요한소리

마음을 맑게 하는 〈고요한소리〉 도서

붓다의 고귀한 길따라

불법의 대들보, 마음챙김*sati*

단행본
붓다의 말씀

This translation was possible
by the courtesy of the Buddhist Publication Society
54, Sangharaja Mawatha P.O.BOX 61
Kandy, Sri Lanka

법륜 · 스물셋
불교와 기독교
긍정적 접근

2020년 12월 20일 초판 1쇄 발행
2022년 04월 20일 초판 2쇄 발행

지은이   엠 오 시 월슈
옮긴이   유은실
펴낸이   하주락 · 변영섭
펴낸곳   (사)고요한소리
등록번호   제1-879호 1989. 2. 18.
주 소   서울시 종로구 인사동길 47-5 (우 03145)
연락처   전화 02-739-6328, 725-3408 팩스 02-723-9804
            부산지부 051-513-6650 대구지부 053-755-6035
            대전지부 042-488-1689
홈페이지   www.calmvoice.org
이메일   calmvs@hanmail.net

ISBN   979-11-91224-01-6

값 1000원